VOUS ET LES AUTRES

Pour plus d'information :

www.lisez.com

Imprimé sur du papier issu de forêts gérées durablement.

ISBN : 978-2-412-10124-7
Code éditeur : S10124/01
Dépôt légal : septembre 2025
Imprimé en France par Normandie Roto Impression s.a.s. en août 2025 (2502849)

Direction éditoriale : Marie-Anne Jost-Kotik
Responsable éditoriale : Aline Sibony
Édition : Anne Foubert
Un ouvrage proposé par Stéphanie Honoré
Correction : Ségolène Estrangin
Couverture : La Bonne Adresse
Maquette intérieure : Istria

Éditions First, un département d'Édi8
92, avenue de France
75013 Paris – France
Tél. : 01 44 16 09 00
E-mail : firstinfo@efirst.com
Site internet : www.editionsfirst.fr

VOUS ET LES AUTRES

Laetitia André

FIRST
ÉDITIONS

À Clotilde et Blanche.

Écouter son intuition est le plus beau cadeau que l'on se fait.

« L'intuition relationnelle, ce n'est pas lire dans les pensées de l'autre, c'est l'art d'être pleinement ouvert et à l'écoute de l'autre, en mobilisant toutes nos capacités – sensorielles, émotionnelles et mentales – pour percevoir ce qui se joue vraiment, au-delà des mots et des apparences. »

Laetitia André

Sommaire

PARTIE 3

Révéler et optimiser son intuition… et ses relations !

87

PARTIE 4

Les obstacles à une intuition relationnelle fluide

159

PARTIE 5

L'intuition dans nos relations

229

Conclusion

281

Introduction

Le parcours d'une hypersensible en quête de relations alignées et apaisées

Depuis toute petite, j'ai ressenti « quelque chose » : une petite voix, une sorte de radar émotionnel capable de capter les ambiances, les non-dits, et même les tensions cachées. À une époque où la sensibilité était perçue comme une faiblesse, j'ai appris à la dissimuler. On m'avait dit de me tenir droite, d'être sage et gentille. Alors, j'ai obéi. Mais derrière cette façade, c'était un véritable raz-de-marée intérieur. Je ne savais pas quoi faire de mes émotions et de mes ressentis, et ils m'envahissaient, prêts à déborder à tout moment.

Les relations étaient un défi monumental. Quand quelqu'un entrait dans une pièce, je ressentais tout : son humeur, ses blessures, ses faux-semblants. Comme si je portais des lunettes émotionnelles à rayons X. Mais loin d'être un avantage, c'était souvent un piège. Parfois, j'ignorais les signaux que m'envoyait ma petite voix intérieure. Par exemple, devant quelqu'un qui semblait charmant, il arrivait à cette dernière de me murmurer : *Attention, cette relation pourrait être plus déséquilibrée que tu ne le penses.* Mais moi, dans mon élan optimiste, je répondais : Mais non, ça ira, c'est n'importe quoi. Résultat : ça n'allait pas.

Il m'arrivait aussi, à l'inverse, de me faire trop de films, vivant un de ces moments où l'on s'emballe - vous savez : Cette personne est formidable, elle a tellement de potentiel ! -, pour découvrir qu'en réalité elle ne correspondait pas du tout à l'image idéalisée que j'avais projetée sur elle. Un véritable ascenseur émotionnel, croyez-moi.

Ce parcours, fait de malentendus et de désillusions, m'a poussée à me questionner. Pourquoi avais-je tant de mal à écouter mon intuition ? Pourquoi cette petite voix semblait-elle noyée sous un torrent de doutes et de croyances ? Des idées comme Tu dois plaire à tout le monde ou Si tu dis ce que tu ressens, on te rejettera venaient parasiter mon radar intuitif. Mon mental, ce perfectionniste suractif, n'aidait pas non plus : il voulait tout analyser, tout contrôler et, surtout, étouffer ce qui demandait simplement à être ressenti.

Pourtant, à force de tâtonnements, j'ai compris une chose essentielle : mon mental n'était pas mon ennemi. Il avait juste besoin d'être cadré et rassuré. Alors j'ai commencé à équilibrer mon intuition et mon mental, à leur donner chacun leur place. Et là, les choses ont changé. J'ai découvert que les relations, même les plus toxiques, étaient des miroirs révélant mes blessures et mes schémas. Ces relations difficiles ont été des enseignants implacables mais efficaces. Elles m'ont montré où je devais poser des limites, où je devais dire non et, surtout, comment me faire confiance.

Petit à petit, j'ai transformé ce que je percevais autrefois comme une faiblesse en une véritable force. Aujourd'hui, mon intuition est mon superpouvoir. Elle me guide pour repérer les relations qui me nourrissent, détecter les signaux avant-coureurs, et avancer dans la vie avec plus de sérénité. Ce n'est pas parfait, bien sûr, et je me trompe encore, mais c'est quand même plus authentique.

En regardant en arrière, je me dis souvent Si seulement j'avais su tout cela plus tôt !, mais ce chemin, avec ses détours et ses erreurs, m'a amenée là où je suis aujourd'hui.

Ce livre est né de ce parcours. Il est pour ceux qui, comme moi, ont douté de leurs ressentis, qui ont ignoré leur petite voix ou qui ont peur de se tromper. Mon but est de vous aider à vous reconnecter à votre intuition, à faire confiance à cette boussole intérieure, pour transformer vos relations. Parce son intuition, c'est s'offrir une vie plus alignée, plus simple, et surtout, plus vraie.

Un guide pour simplifier et démystifier l'intuition relationnelle

L'intuition est souvent perçue comme une capacité mystérieuse ou compliquée, réservée à quelques initiés. Pourtant, elle est à la portée de tous. Pas besoin de méditations interminables ni de concepts ésotériques : l'intuition est une aptitude naturelle qui se manifeste par des ressentis, des émotions ou des impressions subtiles dans nos interactions quotidiennes.

Ce livre propose une approche simple et accessible pour développer votre intuition relationnelle. Il vous aide à comprendre et utiliser vos ressentis pour capter ce que les mots ne disent pas, pour percevoir les émotions des autres ou pour identifier le potentiel d'une relation. L'objectif est de vous montrer que l'intuition n'a rien de mystique : elle est déjà en vous, prête à être écoutée et intégrée dans votre vie, de manière fluide et naturelle.

Un guide pour enrichir vos relations

En cultivant votre intuition relationnelle, vous découvrirez un outil puissant pour mieux comprendre les autres et créer des liens plus authentiques. Ce livre vous accompagnera pas à pas pour intégrer cette compétence dans votre quotidien et simplifier vos interactions, sans effort inutile ni jargon complexe.

Pour répondre à toutes ces questions qu'on se pose

Pourquoi est-il parfois si difficile de mettre des mots sur des impressions ou des ressentis ? Pourquoi peut-on entrer dans une pièce et se sentir envahi par des émotions sans comprendre d'où elles viennent ? Pourquoi certaines relations semblent-elles naturellement harmonieuses tandis que d'autres nous mettent mal à l'aise, sans raison apparente ? Pourquoi certaines personnes semblent-elles capter immédiatement nos états d'âme, alors que d'autres ne perçoivent rien ? Pourquoi ressent-on parfois une certitude inexplicable, comme si une vérité s'imposait sans qu'on puisse en expliquer l'origine ?

Pourquoi, face à certaines situations, un frisson ou une tension dans le corps semblent nous alerter avant même que l'on ait compris ce qui se passe ? Pourquoi avons-nous parfois l'impression de « savoir » quelque chose sans comprendre pourquoi ?

Ces questions sont au cœur d'une double quête : comprendre comment l'intuition se manifeste et pourquoi elle peut sembler si insaisissable. Ce livre propose de lever le voile sur ces mystères en explorant l'intuition sous toutes ses facettes. Il ne s'agit pas de chercher à la créer, car elle est déjà là, mais d'apprendre à l'écouter, à lui faire confiance, et à l'intégrer pleinement dans nos vies.

Un guide pour apprécier votre intuition et vos ressentis dans les relations

L'intuition et les ressentis relationnels, c'est un peu comme des superpouvoirs dont vous ne pensiez pas disposer. Plutôt que de les ignorer ou de les minimiser, pourquoi ne pas apprendre à les apprécier à leur juste valeur ? Ce livre va vous montrer comment transformer ce qui semble être un petit murmure intérieur en un guide puissant vous aidant à mieux naviguer dans vos relations.

Apprécier son intuition, c'est d'abord apprendre à l'écouter. C'est reconnaître ces moments où une petite voix nous dit de faire confiance à une impression sur quelqu'un, de poser des limites, ou d'avancer avec une personne sans savoir pourquoi. C'est aussi faire confiance à ses ressentis corporels, ces petits signaux qui vous indiquent que quelque chose d'important se passe dans votre relation à l'autre.

Ce livre vous accompagnera pour développer une relation plus intime avec vos ressentis et votre intuition, pour que vous puissiez les utiliser pleinement dans vos relations. En apprenant à apprécier et respecter ce que vous ressentez, vous découvrirez que vos interactions peuvent être bien plus fluides et authentiques. Et au passage, vous découvrirez aussi qu'apprécier ses ressentis, c'est apprécier ses relations et, donc, sa vie.

Ce livre est fait pour vous si...

Vous avez l'impression de réfléchir trop longtemps avant de prendre une décision, que ce soit dans votre vie personnelle ou dans vos relations, et cela vous épuise.

Vous vous retrouvez souvent à analyser chaque détail dans vos interactions, en essayant de comprendre les autres, mais sans jamais arriver à une conclusion satisfaisante.

Vous ressentez un décalage entre ce que vous percevez intuitivement chez les autres et leur comportement réel, ce qui vous conduit parfois à des désillusions.

Vous enviez ceux qui semblent avoir un GPS intérieur qui les guide avec clarté et simplicité dans leurs relations et dans leur vie.

Il ne s'agit pas de compliquer davantage vos relations ou vos décisions, l'objectif est de vous offrir des solutions simples et efficaces pour naviguer dans vos interactions et dans votre vie de manière générale. L'intuition relationnelle, c'est un peu comme votre joker : elle vous permet de percevoir au-delà des apparences, mais elle doit aussi être maniée avec discernement pour éviter de tomber dans les désillusions.

Ce livre s'adresse à tous ceux qui cherchent à sortir du cercle vicieux de la suranalyse dans leurs relations et qui veulent trouver une manière plus naturelle, plus spontanée de comprendre et d'interagir avec les autres. Vous y découvrirez des outils pratiques et accessibles, sans prise de tête, pour vous connecter à votre intuition et créer des liens plus harmonieux et authentiques.

En vous libérant des idées reçues et en faisant confiance à vos propres ressentis, vous découvrirez une nouvelle façon de vivre, plus simple, plus alignée, où l'intuition devient une alliée précieuse et naturelle dans votre quotidien. Plus besoin de vous perdre dans des scénarios mentaux interminables ou d'attendre des avis extérieurs pour valider ce que vous ressentez déjà au fond de vous. Vous apprendrez à apaiser votre mental et à le faire cohabiter avec votre intuition.

Avec l'intuition relationnelle, vous apprendrez à percevoir les autres au-delà de leurs comportements superficiels, à capter leur véritable essence, leur potentiel, tout en restant ancré dans la réalité présente. Cela vous permettra de créer des liens plus authentiques et de mieux comprendre vos propres attentes et besoins dans les relations.

Vous découvrirez également comment différencier ce qui relève de l'intuition pure de ce qui n'est que projection de vos désirs ou espoirs. Car l'intuition, c'est aussi accepter l'autre tel qu'il est, et non comme on aimerait qu'il soit. Ce livre vous aidera à développer cette clarté, à écouter votre voix intérieure et à faire confiance à vos perceptions, tout en gardant un équilibre entre ce que vous voyez intuitivement et ce qui est réellement présent dans vos relations.

Pour changer ce que vous croyez ou pour changer vos croyances

Notre mental est rempli de conditionnements : des phrases entendues dans l'enfance, des modèles qu'on a intégrés, des expériences qui ont laissé des marques.

Tout cela forme des croyances - souvent inconscientes - qui filtrent notre réalité... et nous empêchent de faire confiance à nos ressentis.

On ne peut pas développer une intuition fluide sans libérer le mental de ses blocages, et on ne peut pas créer des relations saines sans reprogrammer ce que l'on croit sur soi, les autres et le lien. La méthode Aldrea© est née de ce constat. Grâce aux phrases d'équilibrage, vous allez pouvoir identifier les croyances limitantes qui vous freinent, et les transformer pas à pas, en créant un nouvel espace intérieur : plus calme, plus clair, plus intuitif.

La méthode ne cherche pas à effacer ce que vous avez vécu. Elle vous aide à l'apaiser... pour que vous puissiez enfin entendre ce qui en vous sait déjà.

Notre mental est rempli de conditionnements : des phrases entendues dans l'enfance, des modèles que l'on a intégrés, des expériences qui ont laissé des traces. Tout cela devient des croyances - souvent invisibles - qui filtrent notre réalité, influencent nos réactions... et affaiblissent notre capacité à faire confiance à nos ressentis.

On ne peut pas développer une intuition fluide sans libérer le mental de ses blocages. Et on ne peut pas vivre des relations saines sans reprogrammer ce que l'on croit sur soi, sur les autres... et sur le lien lui-même.

Grâce aux phrases d'équilibrage que vous trouverez dans certains exercices, issues de la méthode Aldrea©, vous allez pouvoir mettre en lumière les croyances limitantes qui vous freinent, et les transformer en appuis solides.

Partie 1

L'IN TUI TION

Une définition de l’intuition

Une définition claire dissipant tout mystère

L’intuition est une forme de connaissance immédiate, qui échappe au raisonnement. C’est cette certitude qui surgit sans explication claire, une évidence qui semble émerger de nulle part. En d’autres termes, c’est cette petite voix intérieure ou ce ressenti spontané qui, sans justification rationnelle, paraît pourtant évident.

Mais l’intuition ne se limite pas à une illumination passagère. Elle constitue un lien profond entre les êtres, une connexion à l’essence de la nature humaine. Certains parlent d’« instinct », d’« énergie subtile » ou encore de « force universelle ». Peu importe le nom : « Dieu », l’« univers » ou simplement une « énergie commune ». Ce qui compte, c’est que cette source est présente en chacun de nous, reliant les humains, les animaux, les plantes et tout ce qui vibre.

Peut-on vraiment expliquer ce phénomène ? Peut-être pas, car l’intuition est avant tout une affaire de ressentis et d’émotions, une perception intime qui échappe aux mots.

Parfois, pour entendre cette petite voix, il faut l’interroger, entamer un dialogue intérieur. C’est comme mener une enquête en soi :

explorer, questionner, chercher des indices. Ce processus nous reconnecte à notre nature intuitive, cette énergie qui, tout à la fois, nous guide et nous dépasse.

Comment la reconnaître ? Ses caractéristiques peuvent se résumer ainsi :

- **Rapidité et évidence** : l'intuition se manifeste rapidement, accompagnée d'un sentiment d'évidence. Elle surgit dans l'instant, sans requérir de réflexion complexe. C'est comme l'« ampoule d'eurêka » qui s'allume soudainement dans notre esprit.
- **Spontanéité** : l'intuition n'a pas besoin de raisonnement. Elle arrive à un moment précis, apportant une réponse immédiate à une question ou à une situation même si on l'interroge.
- **Ressenti physique et émotionnel** : souvent, l'intuition s'accompagne de sensations physiques (des fourmillements, un nœud dans l'estomac, une pression dans la poitrine) ou d'émotions, comme la joie ou la certitude.

LE MOT DE L'AUTEURE

Pendant longtemps, j'ai ressenti le besoin de me justifier : être intuitive, percevoir des choses que d'autres ne comprenaient pas, cela me rendait vulnérable car cela me faisait peur et j'en avais honte. Aujourd'hui, j'assume pleinement : « Je suis intuitive, hypersensible, et je perçois des choses inexplicables. Et alors ? » Chacun est libre de penser ce qu'il veut. Je n'ai plus besoin de me perdre dans des justifications qui, au fond, ne faisaient qu'ajouter à la confusion.

L'intuition, une capacité relationnelle naturelle

L'intuition n'est pas seulement utile pour soi-même ; elle joue également un rôle fondamental dans nos relations avec les autres. Elle nous permet de capter subtilement les non-dits, de percevoir les énergies des autres et de mieux comprendre les dynamiques relationnelles. Dans un cadre social, professionnel, familial ou intime, l'intuition nous guide vers des interactions plus authentiques et harmonieuses. Que ce soit pour ressentir l'état émotionnel d'une personne, anticiper des tensions ou créer des connexions profondes, l'intuition relationnelle est une compétence que nous pouvons tous développer, devenant des acteurs de notre vie, plus autonomes et plus en sécurité dans ce monde, mais également plus à l'écoute de nos relations. C'est en la reniant, en essayant de nous conformer que nous bloquons notre intuition. En la reniant, nous perdons également notre capacité à inspirer les autres par notre force intuitive. Car, au fond, la finalité de nos expériences est le partage.

Depuis que j'assume pleinement mes ressentis et mon intuition, tout est devenu plus clair dans ma vie. J'ai gagné en confiance dans mes relations, mon esprit s'est apaisé, et je suis alignée avec moi-même. Les épreuves de la vie ne disparaissent pas, mais elles prennent un sens, et je les traverse avec plus de sérénité.

Exercice

Exploration de votre lien à l'intuition

Pour chaque affirmation, cochez celle qui vous ressemble le plus. À la fin, un décryptage vous aidera à comprendre votre degré d'alignement intuitif.

1. Quand une sensation subtile ou un « pressentiment » apparaît en vous...

A. Je ne le remarque même pas, je suis souvent dans le mental.

B. Je le remarque, mais j'ai du mal à faire la différence entre intuition et peur.

C. Je l'accueille, même s'il me faut un moment pour y voir clair.

D. Je l'écoute immédiatement, c'est devenu un réflexe.

2. Dans les moments de choix importants...

A. Je cherche des conseils extérieurs pour me rassurer.

B. J'essaie d'écouter mon ressenti, mais j'ai du mal à trancher.

C. Mon intuition m'aide à éclairer mes décisions, avec les faits.

D. Je sens rapidement ce qui est juste, même sans explication logique.

3. Face à une nouvelle rencontre...

A. Je me fie à ce que la personne dit, pas à ce que je ressens.

B. J'ai des ressentis, mais je n'ose pas trop m'y fier.

C. Je capte souvent une ambiance ou une énergie.

D. Mon corps me parle : je sais tout de suite si je peux me relier à cette personne.

4. Quand vous ne suivez pas votre intuition...

A. Je me dis que j'ai bien fait de ne pas me fier à des impressions.

B. J'ai des doutes, mais je passe vite à autre chose.

C. Je réalise souvent après coup que mon intuition était juste.

D. Je ressens un manque d'alignement physique ou émotionnel, comme une alerte intérieure.

5. Dans votre quotidien, votre intuition est...

A. Lointaine, presque absente.

B. Présente parfois, mais difficile à déchiffrer.

C. Une alliée.

D. Un guide profondément intégré à votre façon de vivre.

Résultats

Additionnez le nombre de A, B, C et D que vous avez cochés, puis découvrez ci-dessous votre profil de connexion intuitive.

Majorité de A : intuition étouffée

Vous vivez beaucoup dans le mental, dans l'analyse, et il est probable que vous ayez appris à ne pas vous faire confiance.

Le premier pas : ralentissez. Observez votre corps. Et accordez-vous la permission de ressentir, sans filtre.

Majorité de B : intuition hésitante

Vous avez déjà senti que « quelque chose » se passe... mais la peur de vous tromper ou le besoin de contrôle vous freine.

Entraînez-vous avec des microdécisions. Suivez votre premier élan dans des situations sans enjeu, juste pour tester.

Majorité de C : intuition consciente

Votre intuition est là, présente et souvent juste. Vous apprenez à la suivre et à l'affiner. Continuez à l'écouter, surtout dans les moments importants. Elle vous guide avec justesse, surtout si vous vous alignez avec votre corps.

Majorité de D : intuition intégrée

Vous avez une relation intime avec votre intuition. Elle est votre boussole. Vous pouvez maintenant transmettre cette confiance autour de vous, par votre exemple.

Le caractère personnel de l'intuition

Une intuition pour chacun de nous

L'intuition est unique à chacun de nous, façonnée par notre histoire, nos expériences, notre état d'esprit actuel, et même la vibration de notre corps. Ce que je perçois peut différer de ce que vous percevez et, inversement, vous pourriez capter des informations qui ne me sont pas accessibles. Les mots que j'utilise pour décrire mes ressentis ne seront peut-être pas les mêmes que les vôtres, mais peu importe. L'un des grands avantages dans ce domaine, c'est que rien n'est figé. Laissons donc libre cours à nos propres mots. Il est inutile de chercher à avoir raison en croyant que notre seule vision est la bonne. Il existe autant de ressentis que de personnes. Chacun a sa vérité, même si les termes employés sont différents, cela n'a finalement que peu d'importance. Car tout est juste. Nous recevons et émettons uniquement ce qui résonne avec notre propre vibration. L'intuition ne s'explique pas, elle se ressent et se vit pleinement. Elle est intrinsèquement liée à votre parcours de vie.

Le plus grand obstacle au développement de l'intuition (à part le mental) est de vouloir imiter les autres en croyant que nous devons ressentir les mêmes choses qu'eux. C'est la pire erreur, car cela vous maintient dans un état de doute, sans ressentis clairs, et entraîne une perte de confiance en soi et d'estime de soi.

Imaginons une scène qui se joue entre trois amies. Voilà comment Camille et Jeanne, face à Laura, ressentent des choses totalement différentes. Laura parle avec passion d'un sujet qui lui tient à cœur, défendant ses idées avec intensité. Mais ce que Camille et Jeanne captent de cette scène est profondément influencé par leur propre vécu.

Camille se sent agacée par Laura. Ce n'est pas qu'elle n'est pas d'accord avec ce qu'elle dit, mais l'intensité de Laura la dérange. Pourquoi ? Parce que cette intensité réveille en Camille une colère qu'elle porte en elle, une colère qu'elle n'a pas encore osé affronter. Plutôt que de reconnaître cette émotion enfouie, Camille projette sur Laura un jugement – *Elle est trop stressante, trop colérique.*

De son côté, Jeanne ne ressent pas cette colère. Elle ne la perçoit même pas, car elle a déjà fait la paix avec cette émotion dans sa propre vie. Mais ce qui dérange Jeanne, c'est autre chose : la manière dont Laura parle si librement et sans filtre. Jeanne, qui manque encore d'assurance pour exprimer pleinement ses idées, se sent mal à l'aise face à cette audace. Elle se dit alors : *Laura est si prétentieuse.*

Ce qui est intéressant ici, c'est que Laura n'est ni stressante ni prétentieuse en soi. Elle est juste elle-même, mais elle agit comme un miroir pour Camille et Jeanne, renvoyant à chacune ce qu'elles n'osent pas encore voir ou accepter en elles-mêmes.

À la fin de cette conversation, malgré leurs perceptions totalement différentes, Camille et Jeanne trouveront un terrain d'entente : elles jugeront Laura insupportable. Mais la vérité, c'est qu'elles ne réagissent pas réellement à Laura, elles réagissent à ce que Laura éveille en elles.

LA PUISSANCE ET LE MYSTÈRE DE L'INTUITION RELATIONNELLE

Cette capacité à capter l'énergie de l'autre est souvent si instantanée, si mystérieuse, qu'on ne peut pas toujours l'expliquer. Parfois, on sait simplement, sans savoir pourquoi. Vous entrez dans une pièce, vous croisez quelqu'un et vous ressentez cette vibration qui vous pousse à faire confiance, à vous méfier ou à garder une certaine distance. Ce qu'il faut comprendre, c'est que cette part de mystère, cet aspect inexplicable de l'intuition, fait partie du jeu. On ne peut pas tout analyser, tout rationaliser. Parfois, il s'agit juste d'accepter que notre corps, notre esprit, notre énergie perçoivent des choses que notre mental n'arrive pas à comprendre immédiatement. Et c'est parfaitement normal. On est connectés à quelque chose de plus grand, à un réseau d'énergies et de ressentis qui nous guide, même si cela dépasse la simple logique.

Un conseil ? La prochaine fois que vous ressentez un éclair d'intuition en présence de quelqu'un, même si cela vous semble flou ou irrationnel, faites-vous confiance. Vous captez quelque chose. Peut-être que ce n'est pas une menace physique, mais votre intuition qui vous parle d'une vérité émotionnelle ou relationnelle qui est là, juste sous la surface. Laissez cet instinct primitif faire son travail, même s'il n'est plus question de sauver votre peau, mais peut-être de préserver votre temps, votre énergie et votre cœur.

Exercice

Découvrir votre intuition dans les relations

Cet exercice simple et rapide vous aidera à prendre conscience de la manière dont votre intuition se manifeste dans vos interactions avec les autres.

Étape 1. Observez vos ressentis lors d'une interaction.

La prochaine fois que vous êtes en conversation avec quelqu'un (un ami, un collègue ou même une personne que vous venez de rencontrer), prenez un moment pour vous concentrer sur vos ressentis.

- ▷ Que ressentez-vous en présence de cette personne ? Un sentiment de bien-être, une sensation de malaise, une ouverture ou une fermeture ?
- ▷ Y a-t-il des sensations physiques ? Par exemple, une tension dans la poitrine, une chaleur dans le ventre ou une légère gêne dans votre corps ?

Notez rapidement ces impressions, même si elles vous semblent floues ou sans raison apparente.

Étape 2. Faites confiance à votre première impression.

Après la rencontre, demandez-vous : Quelle était ma première impression sur cette personne ou cette situation ? Est-ce que cette première intuition était juste ou m'a apporté des informations utiles sur la personne ou la dynamique de la relation ?

EXEMPLE D'APPLICATION RÉUSSIE

Isabelle, une jeune graphiste passionnée, vivait fréquemment un malaise face à certains clients, sans jamais vraiment y prêter attention. Elle attribuait ces sensations à de la timidité ou à un manque de professionnalisme de sa part. En réalité, ces impressions étaient des signaux clairs de son intuition, qu'elle n'avait pas encore appris à reconnaître.

Un jour, elle a décidé de faire un exercice d'observation de ses ressentis. Elle s'est concentrée sur les moments où elle se sentait mal à l'aise et a remarqué un détail révélateur : en présence de clients très exigeants, elle ressentait une tension dans sa poitrine, comme un poids qui l'empêchait de respirer pleinement. Cela n'arrivait pas avec tous ses clients, mais uniquement avec ceux qui franchissaient ses limites ou dont les attentes étaient démesurées.

Isabelle a compris que son corps lui parlait, lui indiquant que ces collaborations allaient à l'encontre de ses valeurs et de ses besoins. En écoutant cette intuition, elle a pris une décision qui lui aurait autrefois semblé impensable : refuser un projet qui la mettait mal à l'aise, malgré la peur de perdre une opportunité ou de ne pas être assez professionnelle.

Le résultat a été immédiat et puissant. Non seulement elle s'est sentie soulagée et fière d'avoir posé cette limite, mais cette décision a aussi envoyé un message clair à elle-même et à son environnement : elle se respecte et choisit ce qui est bon pour elle. Peu de temps après, elle a attiré un client avec qui la collaboration s'est déroulée dans une fluidité et un respect mutuel qu'elle n'avait jamais connus auparavant. Ce changement n'est pas magique : il repose sur un mécanisme simple. En écoutant ses ressentis et en agissant en accord avec eux, Isabelle a modifié son énergie et son rapport à son travail. Elle a arrêté de tolérer ce qui n'était pas juste pour elle, ouvrant ainsi la porte à des collaborations alignées avec ses valeurs.

Ressentis, intuition, médiumnité : comment ne plus tout mélanger

Différencier ces notions pour mieux les comprendre

Il est facile de confondre les notions de ressenti, d'intuition et de médiumnité, surtout quand on commence à explorer ces domaines. Pourtant, bien qu'ils soient liés, ces concepts sont distincts et jouent des rôles différents dans notre expérience du monde. Comprendre ces différences peut vous aider à mieux naviguer dans vos propres perceptions et à utiliser chacune de ces facultés de manière plus efficace.

Les ressentis : ce que votre corps vous dit

Les ressentis sont bien plus que de simples sensations passagères (voir p. 97 et 139). Ce sont des messages profonds que votre corps vous adresse pour attirer votre attention sur une situation, une personne ou un environnement. Ces signaux, qu'ils soient physiques ou émotionnels, ne passent pas par le filtre du mental. Ils se manifestent de manière brute, instinctive et immédiate, souvent bien avant que votre esprit commence à analyser la situation.

Prenons quelques exemples.

Cette boule dans l'estomac qui apparaît lorsque vous vous trouvez dans une situation stressante ou face à un choix difficile n'est pas toujours de la peur. Elle est là pour vous dire : Quelque chose ici ne va pas, écoute-moi. Les frissons sur votre peau lorsque vous sentez que quelque chose est profondément juste ou, au contraire, absolument faux. Ce sont des indicateurs puissants de vérité intérieure, comme si votre corps validait ou rejetait une situation. Cette chaleur dans votre poitrine lorsque vous êtes en présence de quelqu'un de bienveillant, vous rappelant que vous êtes en sécurité, dans un espace de confiance et de réciprocité. Ces ressentis ne sont pas de simples réactions aléatoires. Ils sont la manière qu'a votre corps de communiquer avec vous, un langage que nous avons souvent oublié ou négligé dans nos vies modernes, dominées par le mental. Pourtant, ils sont essentiels, car ils captent des signaux subtils de votre environnement et de vos relations que votre esprit rationnel pourrait ignorer. Le corps agit comme un radar émotionnel sophistiqué. Chaque sensation, chaque frisson ou tension est une réponse à des informations extérieures ou intérieures qui méritent votre attention. Ce langage somatique est là pour vous guider, pour vous connecter à ce qui est authentique et important pour vous. Lorsque vous ignorez vos ressentis, vous risquez de passer à côté de vérités essentielles, qu'il s'agisse d'un danger à éviter, d'une opportunité à saisir ou d'un besoin profond à honorer.

Apprendre à écouter ces ressentis, c'est renouer avec une forme d'intelligence intuitive. Cela demande de ralentir, de faire confiance à votre corps, et d'accepter qu'il possède une sagesse innée qui dépasse les mots et les raisonnements. Ce n'est pas toujours facile, car cela implique de s'arrêter pour ressentir pleinement ce qui se passe, même lorsque c'est inconfortable. Mais c'est aussi une porte vers une vie plus alignée, où vous faites des choix éclairés non seulement par votre tête, mais aussi par votre cœur et votre corps.

↳ *Retrouvez plus d'information sur les messages physiques du corps p. 100 et suivantes.*

L'intuition : votre guide intérieur

L'intuition est cette voix intérieure qui accueille et transforme le ressenti en quelque chose de concret. Le ressenti ne reste pas passif, il est utilisé et analysé pour guider une action ou une décision, indiquer une direction à prendre ou proposer une solution à un problème. Elle donne du sens à vos émotions, éclaire vos décisions et trace des chemins là où tout semblait bloqué.

L'intuition est souvent rapide et évidente, mais elle peut être subtile, nécessitant une écoute attentive et une confiance presque instinctive pour ne pas être étouffée par le bruit mental. Si vous ne prenez pas ce moment pour l'écouter, elle peut être noyée par le bruit incessant de vos doutes, de vos peurs ou des attentes des autres. L'intuition ne se contente pas de capter une sensation, elle la transforme, lui donne du sens et la relie à votre expérience intérieure.

Elle va au-delà de ce que l'on ressent sur l'instant. Le ressenti, c'est cette vague qui vous traverse : une chaleur, une tension, un frisson. L'émotion, elle, donne une couleur à cette vague, une intensité. L'intuition, c'est la synthèse des deux, un guide intérieur qui utilise ce cocktail pour éclairer vos choix et révéler des vérités que votre esprit rationnel n'a pas encore perçues.

Mais l'intuition, c'est aussi une vérité exigeante. Elle vous pousse à écouter ce que vous ressentez au plus profond de vous, même si cela va à contre-courant de ce que vous voulez entendre. Elle demande de la sincérité envers vous-même, une capacité à accueillir vos ressentis et vos émotions sans jugement, à les entendre comme des messagers.

L'intuition n'est ni magique ni mystique, c'est une intelligence naturelle, souvent oubliée ou ignorée. C'est ce moment où vous « savez » quelque chose sans savoir comment vous le savez. Une décision qui s'impose, une personne que vous sentez digne de confiance, un chemin qui semble juste. Ce n'est pas de la chance, c'est la connexion entre ce que vous vivez, ce que vous ressentez et ce que vous portez en vous.

Elle ne se contente pas de vous guider dans l'immédiat. Elle vous donne un accès privilégié à une compréhension plus globale, plus profonde de vous-même et des situations que vous traversez. C'est votre guide personnel dans vos interactions, vous aidant à lire entre les lignes, à saisir des non-dits ou à capter des dynamiques relationnelles avant même qu'elles soient explicites.

La médiumnité : la connexion avec l'invisible

La médiumnité est une faculté qui ouvre la porte à des dimensions subtiles, permettant d'accéder à des informations provenant de plans spirituels ou non physiques. Elle se distingue de l'intuition par sa nature profondément connectée à des énergies externes. Là où l'intuition agit comme un guide intérieur, une sorte de boussole subtile nous permettant de lire les énergies ou les émotions environnantes, la médiumnité implique une interaction directe avec des entités spirituelles, des guides ou encore des énergies provenant d'autres dimensions de l'existence.

La médiumnité n'est pas simplement un don réservé à quelques élus. Si certaines personnes y sont naturellement prédisposées, elle peut également être développée grâce à un travail approfondi sur soi-même. Ce développement passe par l'apprentissage de techniques de centrage, de méditation, et par une écoute active et sincère des messages reçus. Il est essentiel de cultiver une sensibilité accrue tout en apprenant à protéger ses propres énergies pour éviter la surcharge ou les confusions avec des projections personnelles.

Une caractéristique clé de la médiumnité est sa capacité à fournir des informations qui échappent au cadre rationnel ou aux perceptions classiques. Par exemple, au cours d'une interaction, un médium pourrait capter des détails sur une personne, percevoir une énergie environnante ou entrevoir des éléments d'un futur potentiel. Ce sont des informations qui, bien qu'étonnantes ou non vérifiables immédiatement, trouvent souvent un écho profond chez ceux à qui elles sont destinées.

Cependant, cette capacité va bien au-delà d'un simple outil pour prédire ou révéler. La médiumnité est avant tout un acte d'ouverture et de service. Elle demande une grande responsabilité et une éthique irréprochable, car elle touche à des dimensions intimes et spirituelles des individus. Un médium doit toujours transmettre les messages avec discernement, bienveillance et respect du libre arbitre de ceux qui les reçoivent. La médiumnité n'est pas une fin en soi, mais un moyen. Elle peut servir à accompagner les autres dans leur cheminement personnel, à faciliter une compréhension plus profonde de soi et du monde, ou encore à offrir des perspectives nouvelles pour avancer avec plus de sérénité. Bien utilisée, elle devient un véritable pont entre le visible et l'invisible, un outil de connexion au service de la guérison, de la paix et de l'amour universel.

Percevoir l'invisible

Ce qu'il est essentiel de retenir, c'est que les ressentis, l'intuition et la médiumnité sont tous des aspects différents de la même capacité humaine à percevoir au-delà du visible, et chacun de ces aspects passe par le corps. Ils représentent des étapes distinctes dans le développement de notre perception subtile, un peu comme l'apprentissage d'une langue étrangère.

Les ressentis sont la base, comme lorsque vous apprenez les premiers mots et expressions d'une nouvelle langue. Vous commencez à comprendre les éléments fondamentaux, à percevoir des signes et des sensations qui vous guident dans vos interactions quotidiennes, tout comme vous utilisez les mots de base pour vous faire comprendre dans un pays étranger.

L'intuition est comparable à devenir bilingue. Vous ne vous contentez plus de comprendre les bases, vous êtes à l'aise, vous parlez de manière fluide, et vous pouvez naviguer dans les conversations sans effort conscient. Vous captez les nuances, les non-dits, et vous répondez spontanément, de manière naturelle et confiante, comme si cette connaissance avait toujours été en vous.

La médiumnité, quant à elle, est l'équivalent du traducteur simultané. Vous ne faites pas que comprendre et utiliser la langue, vous êtes capable de capter des messages complexes, de les interpréter instantanément, et de les retransmettre dans un contexte différent. Vous êtes en connexion constante avec des informations venant de plans plus subtils, que vous traduisez pour le monde physique.

Chacune de ces étapes a sa propre valeur et son utilité, et il est important de respecter où vous en êtes dans votre propre développement. Tout commence par les ressentis, qui sont la fondation de votre perception intuitive. En les écoutant et en les développant, vous pouvez progressivement accéder à des niveaux plus profonds de compréhension, jusqu'à l'intuition et, pour certains, à la médiumnité. Ce parcours est personnel, unique à chacun, et c'est en reconnaissant et en respectant chaque étape que vous pourrez avancer avec confiance dans votre propre cheminement intuitif.

Exercice

Où en êtes-vous avec vos capacités intuitives ?

Ce test vous permettra de mieux savoir si vous êtes plutôt sensitif, intuitif ou médium.

1. Lorsque j'entre dans une pièce, je suis particulièrement attentif à l'ambiance ou à l'énergie qui y règne.

A. Oui, toujours.

B. Parfois, mais je me fie davantage à mon instinct.

C. Pas vraiment, je capte plutôt des images ou des sensations spécifiques.

2. Je devine souvent ce que ressentent les autres sans qu'ils le disent.

A. Oui, cela m'arrive régulièrement.

B. Je me fie à mon intuition pour comprendre ce qu'ils ressentent.

C. Je reçois parfois des images ou des messages à ce sujet.

3. Quand je dois prendre une décision, je me fonde sur :

A. Ce que je ressens sur le moment.

B. Mon instinct ou une impression soudaine.

C. Une vision ou un message intérieur que je reçois.

4. Il m'arrive de ressentir des émotions ou des sensations physiques qui semblent ne pas m'appartenir.

A. Oui, très souvent.

B. Parfois, mais je ne m'y attarde pas.

C. Non, je capte surtout des informations par d'autres moyens.

5. Je fais régulièrement des rêves ou j'ai des pensées qui semblent me donner des messages.

A. Rarement, je me fie plus à ce que je ressens dans l'instant.

B. Parfois, mais c'est surtout mon intuition qui me guide.

C. Oui, cela m'arrive souvent.

Résultats

Comptez vos A, B, C et D, et regardez le profil qui vous correspond le mieux.

Majorité de A : vous êtes plus sensible aux ressentis

Vous avez une capacité naturelle à vous connecter aux énergies environnantes et aux émotions des autres. Cela peut vous rendre très empathique, capable de comprendre ce que ressentent les gens sans qu'ils aient besoin de s'exprimer. Votre grande sensibilité peut être une force, mais elle peut aussi vous amener à absorber les énergies négatives autour de vous, ce qui peut parfois vous fatiguer ou vous submerger.

Points forts :

- Empathie exceptionnelle.
- Capacité à créer des connexions profondes avec les autres.
- Aptitude à ressentir les atmosphères et à anticiper les besoins émotionnels.

À développer :

- Mettre en place des protections énergétiques pour éviter de vous laisser envahir par les énergies extérieures.
- Apprendre à différencier vos émotions de celles des autres pour rester centré sur vous-même.

Majorité de B : vous êtes intuitif

Vous vous fiez à votre instinct et à vos impressions spontanées pour naviguer dans la vie. Vous avez un don pour percevoir les solutions aux problèmes ou pour ressentir ce qui est juste pour vous, même si vous ne pouvez pas toujours expliquer pourquoi.

Points forts :

- Grande confiance en vos ressentis personnels.
- Capacité à agir avec assurance dans des situations incertaines.
- Talent pour repérer les opportunités ou les personnes alignées avec vos valeurs.

À développer :

- Affiner votre intuition en prenant le temps de l'écouter davantage.
- Documenter vos intuitions et leurs résultats pour renforcer votre confiance dans ce processus.
- Éviter de vous laisser guider uniquement par vos impressions dans des situations nécessitant une analyse plus rationnelle.

Majorité de C : vous avez des capacités médiumniques

Vous recevez des informations sous forme de visions, de rêves ou de messages intérieurs. Ces capacités sont souvent le signe d'une connexion profonde avec le monde spirituel ou énergétique.

Points forts :

- Réceptivité accrue aux messages de l'invisible.
- Capacité à offrir des conseils ou des guidances éclairées à ceux qui en ont besoin.
- Talent pour explorer des dimensions spirituelles ou énergétiques.

À développer :

- Prendre le temps de travailler sur votre ancrage pour ne pas vous laisser « emporter » par des perceptions trop intenses.
- Développer une pratique spirituelle ou énergétique régulière pour canaliser et structurer vos capacités.
- Identifier des techniques pour différencier vos propres intuitions des messages extérieurs.

Le caractère universel de l'intuition

L'intuition naturelle, une qualité universelle

L'intuition, ce mot souvent entouré de mystère, est en réalité une qualité que nous possédons tous. Peu importe à quel point vous vous sentez déconnecté, perdu voire largué dans ce domaine, l'intuition est là, en vous, en attente d'être réveillée et écoutée. Eh oui, même si vous pensez ne pas être particulièrement « doué » pour cela, vous avez bel et bien une intuition. Même notre cher voisin Robert, qui semble parfois aussi réactif qu'un mur de brique, possède cette petite voix intérieure. Alors, comment se fait-il que certains semblent en être dénués ? La réponse est simple : tout est une question de perception, d'écoute et de confiance.

Dès notre plus jeune âge, nous sommes tous dotés d'intuition. Les enfants, par exemple, en sont une preuve vivante. Ils ressentent les choses, captent les émotions des autres sans même avoir besoin de mots pour les expliquer. Ils savent instinctivement quand ils sont en sécurité ou non, quand une situation est positive ou négative. C'est de l'intuition pure et simple. Mais alors, qu'est-ce qui se passe en grandissant ?

Eh bien, à mesure que nous avançons dans la vie, notre éducation, la société, et parfois même nos expériences personnelles nous éloignent de cette capacité innée. On nous apprend à raisonner, à analyser, à nous fier à ce qui ne peut être prouvé ou démontré. Le mental, avec son besoin incessant de tout contrôler et de tout comprendre, prend le dessus. L'intuition, elle, est reléguée au second plan, comme une sorte de capacité superflue, voire inutile.

Alors, en effet, il y a toujours cette personne dans notre entourage - ou peut-être êtes-vous cette personne - qui semble complètement hermétique à l'intuition. Celle qui semble passer à côté des évidences, qui ne capte jamais les subtilités que les autres semblent percevoir si facilement. Mais même l'humain le plus hermétique a de l'intuition. Elle est simplement enfouie sous des couches de doutes, de croyances limitantes et de schémas mentaux rigides. Il ne s'agit pas d'un manque d'intuition, mais plutôt d'un manque de connexion à celle-ci. C'est un peu comme un poste de radio réglé sur la mauvaise fréquence : les signaux sont là, mais ils sont brouillés, inaudibles.

Une manifestation très personnelle

L'intuition ne se manifeste pas de la même manière chez tout le monde. Pour certains, elle se présente sous la forme de ressentis physiques : une sensation dans l'estomac, un frisson, un mal de tête soudain. Pour d'autres, c'est une pensée ou une image qui apparaît dans l'esprit, sans explication logique. Et pour d'autres encore, c'est simplement une certitude, une évidence qui ne peut être prouvée, mais qui est pourtant indéniable.

Prenons l'exemple de Robert, notre voisin bien ancré dans la rationalité. Peut-être a-t-il un jour ressenti une étrange sensation dans son estomac avant de prendre une décision importante. Il a peut-être aussi ignoré ce signal, l'attribuant à de la simple nervosité et, selon lui, a suivi la voie de la logique. C'est ça, l'intuition : ce n'est pas quelque chose de magique ou de mystique, c'est simplement notre corps et notre esprit qui communiquent avec nous d'une manière que nous n'avons pas l'habitude d'écouter.

Ainsi, même les personnes les plus rationnelles, les plus fermées à l'idée de l'intuition, utilisent en réalité cette capacité sans même s'en rendre compte. Elles prennent des décisions fondées sur leur « instinct », sur une sensation qu'elles ne peuvent pas expliquer, et c'est exactement cela l'intuition !

Exercice

Est-ce que j'écoute mon intuition ?

Quand est-ce que j'ai ignoré mon intuition, et quelles ont été les conséquences ?

- ▷ Réfléchissez à une situation où vous avez senti quelque chose au fond de vous mais ne l'avez pas écouté.
- ▷ Comment vous êtes-vous senti après coup ? Y avait-il des signes ou des sensations que vous avez négligés ?

Quels signes physiques ou émotionnels accompagnent généralement mes intuitions ?

- ▷ Essayez d'identifier les sensations spécifiques que vous ressentez lorsque vous captez une intuition (fourmillements, chaleur, pression dans la poitrine, etc.).
- ▷ Soyez attentif aux signaux corporels et émotionnels qui se manifestent avant de prendre une décision instinctive.

Déconstruire les mythes et les fausses croyances autour de l'intuition

Croyance n° 1 : il est nécessaire d'être dans un état d'amour, de sérénité et de méditer pour développer son intuition

On entend souvent que, pour être réceptif à son intuition, il faut être dans un état de sérénité totale, en pleine méditation, avec un mental parfaitement apaisé. Mais combien d'entre nous arrivent à atteindre cet état de paix intérieure profonde au quotidien ? La méditation, bien qu'excellente pour calmer l'esprit et ouvrir les canaux intuitifs, n'est pas le seul moyen d'accéder à l'intuition. Parfois, les messages intuitifs arrivent de manière fulgurante, comme une évidence qui s'impose à nous, même en pleine agitation. Mais reconnaissons-le : ces moments de grande clarté sont plutôt rares.

En réalité, l'intuition peut se manifester plus facilement lorsque le mental est occupé, mais pas forcément dans un état de pleine concentration. Il s'agit plutôt d'un lâcher-prise subtil, où l'esprit n'est plus focalisé sur une problématique précise, mais se laisse porter par une activité qui ne demande pas une attention excessive. Un entre-deux, en quelque sorte. Assez occupé pour que le mental se taise, mais pas complément focalisé sur du négatif pour laisser de la place à l'intuition. C'est pourquoi des activités comme marcher, faire du sport ou passer l'aspirateur peuvent être des moments privilégiés où l'intuition se manifeste (voir p. 133-134). En occupant le corps et en laissant l'esprit vagabonder, vous permettez à votre mental de se détendre et, du coup, à votre intuition de prendre la parole.

Je vous entends déjà penser : *Mais je passe l'aspirateur depuis des années et je n'ai jamais eu un éclair d'intuition !* Eh bien, tout dépend de la manière dont vous passez l'aspirateur. Si vous ruminez sur votre journée ou ressassez des problèmes, il y a peu de chances que votre intuition trouve de la place pour s'exprimer. En revanche, si vous lâchez prise pendant que vous faites le ménage, que vous vous concentrez sur le fait que vous allez bientôt avoir une maison propre, et que cela vous met dans un état d'esprit léger et positif, là, le mental décroche et l'intuition peut se manifester.

L'exemple de Sylvie est parfait pour illustrer cela. Sylvie n'a jamais su méditer dans les règles de l'art. Elle se disait souvent que la méditation, ce n'était pas pour elle : *Mon esprit part dans tous les sens, comment voulez-vous que je médite ?* Elle pensait donc que l'intuition n'était pas accessible pour elle, car elle ne pouvait pas se mettre dans cet état de calme absolu dont on parle tant. Mais, à sa grande surprise, Sylvie commence à recevoir des messages intuitifs dans des moments tout à fait ordinaires.

Un jour, en plein embouteillage, son esprit vagabondait, Sylvie a ressenti une impression soudaine, comme une évidence : *Appelle ta sœur*. Elle ne comprenait pas pourquoi, mais elle a suivi son intuition, et cet appel s'est avéré être exactement ce dont sa sœur avait besoin à ce moment-là. Ce qui l'a marquée, ce n'était pas tant l'intuition elle-même, mais le contexte dans lequel elle s'était manifestée. Ce n'était pas en méditation ni dans un moment de calme profond, mais dans sa voiture, sur le périphérique, au milieu du bruit et de l'agacement. C'est alors qu'elle a réalisé que son intuition pouvait se manifester même quand elle ne s'y attendait pas, à condition que son mental soit légèrement occupé, mais pas obsédé par une problématique.

En réalité, à ce moment-là, elle ne se battait pas avec ses pensées. Elle avait lâché prise, sans même s'en rendre compte. Cet état d'entre-deux a permis à son intuition de trouver de l'espace pour s'exprimer.

Croyance n° 2 : développer son intuition, c'est utile seulement quand tu veux en faire ton métier

Vous n'avez pas besoin d'avoir envie de devenir thérapeute ou médium pour développer votre intuition et ouvrir vos canaux de réception. L'intuition sert à tous dans tous les domaines de notre vie. Mais si, dans vos croyances limitantes, il est inscrit que cela ne vous est pas réservé, il va falloir faire un *reset* sur cette croyance, en en cherchant l'origine pour la dézinguer une bonne fois pour toutes.

En reniant cette partie de nous, nous laissons de côté une partie de nos possibilités. C'est comme si, alors que vous avez deux reins, vous ne vous serviez que d'un. On peut vivre avec un, mais si on en a deux c'est dommage que les deux ne servent pas.

Dimitri vient me voir, car il veut absolument se débarrasser de sa « sensibilité particulière ». Il se trouve trop intuitif, car il a l'impression que les personnes qu'il rencontre sont des livres ouverts et qu'il a accès à trop d'informations les concernant.

Dimitri ne voit pas l'intérêt d'avoir accès à toutes ces informations pour ne rien en faire, car il travaille dans une banque. Pourtant, quand il reçoit ses clients, il a des frissons, des sensations, des mots qui le parcourent. Dimitri est empathique et son intuition se révèle au contact des humains. Je lui dis : « Ne pense pas que ce cadeau que tu peux offrir aux autres est insignifiant parce que tu n'es pas thérapeute, il y a forcément une utilité. Peut-être que ces personnes ont besoin d'un message que tu peux subtilement faire passer, même dans le cadre de ton travail à la banque. »

Dimitri a commencé à voir cette intuition comme un cadeau et sa parole comme un baume apaisant. Il est toujours banquier, mais quand un ressenti vient, il accueille et, par des mots, subtilement posés, il fait passer les messages.

Croyance n° 3 : il faut être médium pour recevoir des messages, car c'est un don que l'on a dès la naissance ou qui nous est transmis

C'est une fausse croyance très répandue qui conduit à des phrases comme « Oui, mais moi, je ne suis pas comme toi, donc je ne ressentirai jamais rien », ou encore « Personne dans ma famille n'avait ce don, alors je ne ressentirai jamais rien non plus ».

Pourtant, nous sommes TOUS intuitifs (voir p. 61-62). La nature nous a façonnés ainsi : des êtres de chair, de sang et de ressentis. Cet instinct, qui nous a permis de survivre depuis la nuit des temps, fait partie de nous, avec pour vocation première de protéger l'espèce humaine. Certes, vu notre façon de malmener cette planète, cet instinct collectif s'est quelque peu effacé, laissant place à une logique plus individualiste : *Je me sauve d'abord*. Mais peut-être est-il temps de retrouver ce pouvoir extraordinaire, celui qui nous pousse à agir pour le bien commun plutôt que pour satisfaire notre ego, qui, lui, clame souvent Après moi, le déluge !

Chacun d'entre nous a déjà, à un moment ou à un autre, entendu cette petite voix intérieure et choisi de l'écouter. Il est temps de mettre de côté toutes ces croyances limitantes. Si un jour quelqu'un vous demande « Ta grand-mère barrait les zonas ? » et que vous répondez « Non », avant qu'il ajoute « Alors comment tu sais le faire ? », osez simplement répondre : « Je ne réfléchis pas, je me contente d'émettre l'intention. »

Autrefois, les anciens avaient leurs prières et incantations pour soulager les maux. Aujourd'hui, il n'est plus nécessaire de suivre ces rituels. Le pouvoir de votre intention, la profondeur de votre travail sur vous-même et l'ouverture de votre cœur suffisent amplement pour que votre intuition puisse s'exprimer pleinement.

Croyance n° 4 : réceptionner des messages est réservé aux perchés

Je me suis souvent demandé comment expliquer que je pouvais percevoir des messages qui étaient destinés aux autres, d'où pouvaient bien venir ces messages que j'entendais. Quand je dis « entendre », c'est une image, car je n'entends pas une voix d'outre-tombe, non, mais des phrases me passent par la tête comme des pensées, sauf que je sais très bien que ce ne sont pas *mes* pensées. Car mes pensées sont bien différentes.

Je me suis demandé pourquoi je percevais ces phrases et comment elles pouvaient arriver jusqu'à ma conscience parce que c'est quand même bizarre de capter une phrase qui concerne les autres et qui est censée les aider. Alors j'ai cherché dans les livres où il était question de canalisation, de guidance, j'ai essayé de rationaliser pour pouvoir l'expliquer et ne pas passer pour une perchée, mais j'ai vite abandonné.

L'inexplicable et l'invisible, c'est étrange, mais agréable aussi. Aujourd'hui, je suis fière de mon intuition et je l'assume pleinement. Mais ça n'a pas toujours été le cas. Pendant longtemps, j'en ai eu honte. Les regards curieux, sceptiques ou moqueurs me blessaient profondément. Je me sentais jugée. Certains allaient jusqu'à remettre en question ma santé mentale... et ça, c'était violent. Et puis, un ami m'a emmenée à Sarlat, chez une certaine Monique qui canalisait des messages des guides de lumière. Elle avait créé un lieu pour recevoir les gens voulant écouter les messages, et construit à côté de la salle une autre salle créant un vortex pour ressentir encore plus l'énergie du divin. Monique était tout en blanc, sur une estrade, avec des copines à elle, toutes assises sur des chaises en plastique. Mon ego, pourtant habitué des trucs bien perchés s'est dit *Bon alors là c'est du grand n'importe quoi*, j'avais envie de rire et de partir. Et puis Monique a commencé à parler, et j'ai senti une puissante énergie parcourir tout mon corps. Ce qu'elle disait me touchait, le décor n'avait alors plus d'importance.

Monique vivait son intuition comme elle le voulait, à sa manière, sans en avoir rien à faire des autres sceptiques. Et cela a été un déclic : si Monique les ignorait, je pouvais le faire aussi.

Aujourd'hui, je n'ai plus rien à faire des sceptiques. Je peux parler ouvertement de cette partie de moi, et je réalise que plusieurs personnes m'envient cette capacité. Si on m'envie cette capacité intuitive, je ne devrais pas en avoir honte, mais en être fière.

Alors, soyez fier de votre « bizarrerie » ! Assumez d'avoir ouvert cette porte et d'être sur le chemin de la découverte de ce pouvoir extraordinaire qui vous permet de vivre plus facilement tout en donnant aux autres.

Exercice

Quelles sont vos idées reçues sur l'intuition dans vos relations ?

Cet exercice est conçu pour vous aider à identifier vos idées reçues qui peuvent freiner votre intuition. En les clarifiant, vous pourrez calmer votre mental et laisser votre intuition s'exprimer plus librement.

Étape 1. Test : identifiez vos idées reçues sur l'intuition.

Ce test vous permettra de découvrir les croyances ou idées préconçues que vous avez sur l'intuition. Ces croyances peuvent influencer votre capacité à écouter vos ressentis et à utiliser votre intuition.

1. Quand vous pensez à l'intuition, que vous vient-il à l'esprit ?

A. Ce sont des ressentis flous, pas toujours fiables.

B. C'est utile, mais ça demande des années de pratique pour vraiment comprendre.

C. C'est naturel et accessible, mais je pourrais mieux l'écouter.

2. Pensez-vous que tout le monde peut développer son intuition ?

A. Non, je pense que c'est réservé aux hypersensibles ou aux « intuitifs ».

B. Peut-être, mais il faut avoir des prédispositions.

C. Oui, je pense que c'est une capacité universelle que chacun peut renforcer.

3. Vous est-il arrivé de ressentir quelque chose dans une interaction avec une personne, mais de le rejeter en pensant que c'était votre imagination ?

A. Souvent, je préfère me fonder sur des faits concrets.

B. Parfois, mais je commence à me faire davantage confiance.

C. Rarement, car j'essaie de valider mes ressentis.

4. Selon vous, l'intuition est-elle un outil fiable ?

A. Non, elle est trop subjective pour être utile dans des situations complexes.

B. Parfois, mais il faut la combiner avec des observations factuelles.

C. Oui, elle capte des dynamiques que les mots ne révèlent pas.

5. Quels blocages pourriez-vous avoir face à l'intuition ?

A. J'ai du mal à différencier mes peurs ou mes doutes de vrais ressentis intuitifs.

B. J'ai peur de me tromper si je me fie uniquement à mon intuition.

C. Aucun, je pense que l'intuition est une force à explorer et à utiliser pleinement.

Résultats

Où en êtes-vous avec vos idées reçues ? Faites le compte des A, B, C et D, et lisez ensuite le profil qui vous correspond le plus.

Majorité de A : bloqué par les croyances limitantes

Vous avez des idées reçues qui freinent votre capacité à vous connecter à votre intuition. Vous la percevez comme floue ou peu fiable, ce qui limite son utilisation. Essayez de noter vos premières impressions et observez si elles se confirment. Petit à petit, vous apprendrez à lui faire davantage confiance.

Majorité de B : en chemin vers la confiance

Vous reconnaissez que l'intuition peut être utile, mais vous avez encore des doutes sur sa fiabilité ou son rôle dans votre vie. Avec un peu de pratique, vous pouvez renforcer cette connexion en écoutant les messages subtils de votre corps et en observant leur pertinence dans vos interactions.

Majorité de C : déjà aligné avec l'intuition

Vous êtes bien conscient de l'importance de l'intuition et vous travaillez déjà à la renforcer. Continuez d'écouter vos ressentis et de valider vos intuitions. Vous êtes sur la bonne voie pour utiliser pleinement cette capacité naturelle dans vos relations.

Étape 2. Analysez l'impact de vos croyances.

▷ Notez vos idées reçues. Par exemple : Je ne peux pas faire confiance à mon ressenti ou C'est sûrement mon imagination.

▷ Avez-vous des idées reçues sur ce que devrait être l'intuition ? Par exemple : Si c'était de l'intuition, ça serait évident ou Je devrais avoir des ressentis spectaculaires.

▷ Regardez les croyances que vous avez notées et posez-vous les questions suivantes :

- En quoi ces croyances influent-elles sur votre confiance en votre intuition ? Par exemple : Je doute de mes ressentis parce que j'ai toujours cru que l'intuition devait être claire et immédiate.
- Pensez-vous que ces croyances perturbent vos ressentis lors de vos interactions avec les autres ? Par exemple : Quand je ressens quelque chose face à quelqu'un, mon mental intervient tout de suite pour me faire douter.

Prenez conscience des moments où ces croyances vous empêchent d'écouter votre petite voix intérieure.

L'intuition guidée par des supports

Oracles, pendules, baguettes ou autres outils intuitifs… Ces objets sont de précieux alliés pour poser des questions et laisser émerger des réponses. Pourquoi ? Parce qu'ils déjouent les pièges du mental, en créant un canal extérieur pour votre énergie. La réponse semble venir d'eux, mais en réalité, c'est l'énergie que vous émettez et votre propre intuition qui travaillent ensemble.

Par exemple : vous tirez une carte en pensant à une relation ou à une personne. La signification de cette carte peut venir confirmer un ressenti que vous aviez déjà mais que vous hésitiez à croire. Cela peut aussi éclairer une situation sous un angle différent, vous aidant à mieux comprendre vos intuitions.

Ces supports sont particulièrement utiles :

- **Quand vous doutez de vos ressentis.** Il est fréquent de ressentir des émotions ou des intuitions sans réussir à les définir précisément. Les supports, comme les cartes, peuvent mettre en lumière ce que vous ressentez déjà en silence, mais que vous n'osez pas formuler.
- **Quand vous n'osez pas croire ce que vous ressentez.** Dans le tumulte des pensées et des doutes, ces outils agissent comme une structure. Ils fixent une intention et vous invitent à vous concentrer sur une

seule question ou un seul sujet à la fois, rendant le processus plus clair et plus apaisant.

- **Quand vous cherchez à explorer votre intuition de manière ludique.** L'intuition n'a pas besoin d'être sérieuse ou solennelle pour être efficace. En utilisant des supports, vous pouvez transformer ce processus en une expérience curieuse et légère, tout en découvrant vos propres capacités intuitives.

Ce que les supports peuvent vous apporter :

- **Confiance en vous.** Les réponses obtenues à travers ces outils renforcent votre capacité à écouter vos ressentis. Avec le temps, vous constaterez que vous aviez souvent raison dès le départ.
- **Un espace de calme.** L'utilisation des supports vous invite à ralentir et à vous recentrer, loin des distractions quotidiennes.
- **Une meilleure connaissance de votre intuition.** Chaque utilisation est une opportunité d'affiner votre écoute intérieure et de mieux comprendre comment votre intuition se manifeste.

ASTUCE

Prenez ces outils comme des guides, non comme des vérités absolues. Ils ne font que refléter ce qui est déjà en vous, et c'est en cela qu'ils vous aident à mieux entendre votre intuition.

Partie 2

L'IN TUI TION RELA TION NELLE

Histoire et définition

Percevoir au-delà de la surface

L'intuition relationnelle, une sagesse ancestrale à réapprendre

L'intuition relationnelle est loin d'être une nouveauté. De nombreuses civilisations utilisaient l'intuition pour créer, maintenir et réparer leurs liens sociaux. C'était une forme de sagesse collective, profondément enracinée dans la vie quotidienne. Dans les sociétés tribales, par exemple, l'intuition jouait un rôle clé pour maintenir l'harmonie du groupe. Les chefs spirituels ou chamans captaient les tensions invisibles au sein de la communauté, apaisant les conflits avant même qu'ils surgissent. Chez les peuples amérindiens, il était courant de s'asseoir en cercle et de ressentir ce que chaque membre portait émotionnellement avant de prendre une décision collective. Ce respect des ressentis individuels et collectifs permettait de maintenir un équilibre dans les communautés. En Chine, le taoïsme encourageait l'écoute du « chi », cette énergie qui circule entre les individus. L'idée était d'être à l'écoute non seulement de ses propres besoins, mais aussi de ceux de l'autre, sans jugement ni contrôle. Les peuples africains, quant à eux, valorisaient une connexion intuitive très forte à travers le concept d'*ubuntu*, qui se traduit par *Je suis ce que je suis grâce à ce que nous sommes tous*. Cette notion repose sur l'idée que l'individu existe à travers ses relations, et que l'intuition est un outil naturel pour ressentir les besoins et les émotions des autres afin de renforcer le tissu social.

La perte d'une connexion intuitive

L'Église a fait un vrai ménage spirituel. L'intuition spontanée ? Non merci, beaucoup trop suspect. Ressentir quelque chose ? C'était potentiellement diabolique. Et les pratiques intuitives liées à la nature, aux cycles, aux énergies ? Rebaptisées « sorcellerie », avec le bûcher comme option de fin de carrière. La population, au lieu de se faire confiance et de s'appuyer sur son propre ressenti, a appris à déléguer son pouvoir intérieur à une autorité externe : *Ne réfléchissez pas, ne ressentez pas, on le fait pour vous*. Mais pourquoi un tel contrôle ? Car l'intuition, c'est du pouvoir. C'est une capacité à se connecter à soi, aux autres, à quelque chose de plus grand. Or, pour instaurer une autorité absolue, rien de tel que de convaincre autrui qu'il n'a pas besoin de son intuition, parce que « nous, on sait mieux ». Une stratégie bien rodée qui a coupé des générations entières de leur propre boussole intérieure. Certaines religions ont déclaré : *Stop ! Maintenant, si vous avez des questions ou des doutes, passez par nous. Nous sommes les seuls à avoir la ligne directe avec le divin.*

Et puis, est arrivée la modernité. Avec elle, la raison et la logique ont pris le relais de la religion pour continuer le travail : *Si ça ne se mesure pas, ça n'existe pas*. L'intuition est alors devenue cette cousine gênante qu'on ne veut pas trop présenter en société. Les sentiments ? À analyser. Les ressentis ? À prouver. Les intuitions ? Bon courage pour les caser dans un tableau Excel. Dans nos sociétés industrialisées, l'idée même d'écouter une voix intérieure pour prendre des décisions semblait aberrante. Il faut produire, planifier, tout quantifier. Le cœur, le corps, l'intuition ? Des bêtises. À tel point qu'aujourd'hui, même avec toutes nos technologies censées nous connecter, beaucoup se sentent isolés, coupés d'eux-mêmes et des autres. On a appris à tout analyser, mais on a oublié de ressentir.

Alors, comment faire ? Parce que l'intuition n'a pas disparu. Elle s'est juste planquée, attendant patiemment qu'on se rappelle qu'elle est là.

Et la bonne nouvelle, c'est qu'on peut la réapprendre. Il suffit de lui refaire un peu de place.

Jung et l'intuition relationnelle

Carl Jung, l'un des grands pionniers de la psychologie moderne, a joué un rôle essentiel dans la réhabilitation de l'intuition. Pour lui, l'intuition est une fonction psychologique aussi fondamentale que la pensée, le sentiment ou la sensation. Il a donné à cette petite voix intérieure, souvent sous-estimée, une place de choix dans notre compréhension des relations humaines.

Pour Jung, l'intuition est cette capacité à percevoir des connexions invisibles, des potentiels futurs, sans passer par un raisonnement logique. Il expliquait que l'intuition pouvait nous guider pour comprendre les autres à un niveau plus profond, en captant des dynamiques cachées ou des vérités non dites. Jung allait encore plus loin en parlant de l'inconscient collectif : une immense toile invisible où sont stockés des symboles, des souvenirs et des archétypes universels. Ces « codes communs », comme l'image du mentor, de la mère ou du rival, influencent la façon dont nous percevons les autres. C'est pourquoi une personne peut, sans le vouloir, déclencher en nous une réaction instinctive. Peut-être réveille-t-elle l'image d'un protecteur, ou au contraire celle d'une figure autoritaire oppressante.

Jung rappelait toutefois que l'intuition peut être biaisée si elle n'est pas équilibrée par la réflexion et l'empathie. Nos propres peurs ou désirs peuvent nous pousser à mal interpréter ce que nous ressentons. Par exemple, une hésitation dans la voix d'un collègue peut être perçue comme un signe de méfiance, alors qu'elle n'a rien à voir avec vous. L'intuition est puissante, mais elle doit être accompagnée d'un regard lucide.

Jung a redonné ses lettres de noblesse à l'intuition, souvent reléguée à l'irrationnel ou au mystique, et tout ça sans mettre le mental et le discernement au pilori.

L'intuition relationnelle, un héritage de nos instincts primitifs

Quand on parle de percevoir au-delà de l'autre, on ne parle pas simplement de cette première impression rapide du genre *Oh, il a l'air sympa* ou *Il a l'air antipathique*. Non, c'est bien plus profond que ça. C'est cette capacité à capter une énergie, une émotion, une vibration que l'autre dégage sans même prononcer un mot. C'est comme un langage invisible que vous percevez instinctivement.

Je pense que cette faculté vient de notre état primitif. À une époque, cette intuition était une question de survie. Elle nous permettait de savoir, d'un simple regard ou d'un ressenti, si nous étions en danger avec quelqu'un. Si l'autre représentait une menace, notre intuition nous lançait des signaux d'alerte, et nous pouvions adapter notre comportement pour survivre. Ce radar interne était essentiel pour évaluer rapidement les situations et les personnes. C'était brut, instinctif.

Si nos sociétés modernes ne nous confrontent plus à un danger de mort à chaque coin de rue, ce radar intuitif est toujours là, bien présent. Il s'est simplement adapté. Cette intuition relationnelle s'est transformée en questions plus subtiles, du genre *Est-ce que je peux lui faire confiance ?* ou *Est-ce que cette personne mérite que je m'investisse ?* ou encore *Est-ce que je perds mon temps avec cette relation ?* Ce n'est plus une question de vie ou de mort, mais cela reste tout aussi important pour notre bien-être émotionnel et social.

Qu'est-ce que l'intuition relationnelle ?

Un sixième sens social

L'intuition relationnelle est cette capacité unique de percevoir l'autre au-delà de ce qui est visible ou exprimé. Elle va bien plus loin que la simple observation des comportements ou l'interprétation des mots. C'est un ressenti subtil, une connexion intérieure qui nous permet de capter des informations profondes sur une personne, souvent sans explication rationnelle.

On pourrait dire que l'intuition relationnelle, c'est voir avec le cœur plutôt qu'avec les yeux. Elle nous permet de percevoir des dimensions invisibles chez les autres, comme leurs émotions cachées, leur potentiel non exprimé, leurs forces ou même leurs vulnérabilités. C'est cette voix intérieure qui vous souffle, lors d'une rencontre, que vous pouvez avoir confiance en quelqu'un ou, au contraire, qu'il y a quelque chose qui ne colle pas, même si tout semble bien en surface. C'est ce que j'appelle le « sixième sens social ».

Cette forme d'intuition est particulièrement forte chez les hypersensibles et les personnes empathiques, capables de ressentir très intensément les énergies des autres. Ils captent parfois des aspects de la personnalité ou de l'âme de l'autre avant même que la personne soit consciente de ces aspects en elle. Cela peut se manifester par une impression immédiate, un ressenti profond ou une certitude inexplicable sur ce que la personne est vraiment, bien au-delà de son comportement du moment.

L'intuition relationnelle est une catégorie bien spécifique de l'intuition. C'est notre capacité à percevoir des détails subtils sur une personne : son état émotionnel, ses intentions, ses forces, ses faiblesses, ou encore ce potentiel qu'elle n'a pas encore réalisé, mais qui, étrangement, semble évident pour nous.

L'intuition générale est très utile pour résoudre des problèmes, prendre des décisions rapides ou éviter un danger imminent. L'intuition relationnelle, quant à elle, s'invite directement dans nos connexions humaines. Elle nous aide à capter les dynamiques entre nous et les autres, à ressentir ce qui se joue dans leurs cœurs et leurs esprits - parfois bien avant qu'ils en aient conscience eux-mêmes.

Un défi émotionnel

Cela peut paraître paradoxal, mais on peut être extrêmement intuitif dans certains domaines de notre vie et complètement déconnecté de notre intuition relationnelle. Par exemple :

- Vous êtes peut-être un génie pour percevoir les opportunités professionnelles avant tout le monde, mais incapable de capter les signaux d'alerte dans vos relations amoureuses.

- Vous pouvez exceller dans les décisions financières intuitives, mais ne pas voir qu'un ami vous manipule.

Vous êtes peut-être doué pour ressentir les vibrations d'un lieu ou l'énergie d'une pièce, mais pas pour détecter les tensions subtiles dans un groupe de collègues.

Pourquoi cette déconnexion dans le domaine relationnel ? Parce que l'intuition relationnelle vient chercher nos failles les plus profondes. Contrairement à l'intuition générale, qui agit souvent dans des contextes neutres, l'intuition relationnelle nous met face à nos propres émotions, à nos angoisses, et surtout à ce que la relation nous renvoie de nous-mêmes.

Exercice

Mes ressentis relationnels

Étape 1. Identifiez une relation à analyser.

Pensez à une relation récente et évaluez comment vous avez ressenti cette personne dès le début. Qu'avez-vous ressenti la première fois que vous avez rencontré cette personne ?

- ▷ Une sensation agréable, un sentiment de confiance ?
- ▷ Une gêne, un malaise ou au contraire une attirance ?
- ▷ Étiez-vous nerveux sans raison apparente ?
- ▷ Avez-vous ressenti des signes physiques comme un nœud dans l'estomac, des frissons ou une légèreté ?
- ▷ Ces ressentis étaient-ils fondés sur ce que la personne disait ou simplement sur sa présence ?

Exemple : vous avez ressenti un léger malaise en parlant à votre nouveau collègue, même si rien dans ses paroles ne semblait justifier cela. Peut-être que quelque chose dans son énergie vous mettait sur la défensive.

Étape 2. Évaluez l'évolution de la relation.

Ensuite, prenez du recul et examinez comment cette relation a évolué après cette première rencontre. Est-ce que votre ressenti initial s'est confirmé, ou bien la situation a-t-elle pris une direction inattendue ?

Les questions à vous poser :

- ▷ Quelle direction la relation a-t-elle prise ?

Est-elle devenue positive et fluide, ou bien y a-t-il eu des tensions, des malentendus ?

Vous êtes-vous éloigné de cette personne après votre rencontre initiale ou, au contraire, êtes-vous restés en contact régulier ?

Comment votre ressenti initial a-t-il influencé la manière dont vous avez interagi avec cette personne par la suite ?

Avez-vous suivi votre intuition ou l'avez-vous ignorée ? Si vous l'avez ignorée, quel impact cela a-t-il eu ?

Exemple : malgré votre malaise initial, vous avez continué à collaborer avec ce collègue. Après plusieurs semaines, vous avez remarqué que cette personne avait des comportements manipulateurs. Finalement, votre ressenti initial s'est avéré juste, même si vous ne l'aviez pas écouté au début.

Étape 3. Passez à la réflexion.

Prenez du temps pour réfléchir à ce que cet exercice vous apprend sur votre intuition et vos relations.

Questions à vous poser :

- ▷ Est-ce que votre première impression a influencé positivement ou négativement la relation ?
- ▷ Avec le recul, pensez-vous que vous auriez dû écouter davantage votre intuition dès le départ ?
- ▷ Comment pouvez-vous utiliser cette prise de conscience pour être plus à l'écoute de vos ressentis intuitifs dans vos futures interactions ?

Exemple : vous réalisez que vous auriez dû faire plus confiance à votre intuition initiale, qui vous signalait un problème. Cette prise de conscience vous pousse à promettre de prêter plus attention à ces ressentis à l'avenir, surtout dans les relations professionnelles.

Ressentir les autres pour mieux se connaître

Écouter pour être guidé

L'intuition est souvent la première à capter les intentions réelles des autres, bien avant que les mots ou les actions parlent. Dès la première rencontre, on peut ressentir une affinité naturelle ou, au contraire, une méfiance instinctive. Apprendre à écouter ces premières impressions peut véritablement nous guider dans nos relations. Qui ne s'est jamais dit : *Celui-là, je ne peux vraiment pas le sentir* ou, à l'inverse, *Dès que cette personne est entrée dans la pièce, j'ai tout de suite su qu'on allait bien s'entendre*. Et tout ça, sans même lui avoir parlé ! Il se passe quelque chose de l'ordre de l'instinct à ce moment-là. Aucun jugement, juste des ressentis. Ne dit-on pas d'ailleurs que la première impression est souvent la bonne ?

Mais voilà, après cette première alerte intuitive, arrive le mental avec ses contre-arguments : *Non, mais n'importe quoi, cette personne est sympa, donne-lui une chance*. Alors, on passe du temps avec elle, pour finalement se rendre compte que… non, ça ne colle vraiment pas.

L'autre, dans ces situations, agit comme un miroir. Il nous renvoie à ce que nous avons déjà réglé en nous… ou à ce que nous avons encore à travailler. Et là, il y a deux cas de figure. Si le rejet est intense, du genre *Je ne peux vraiment pas supporter cette personne*, c'est qu'elle nous renvoie quelque chose de non résolu, émotionnellement trop chargé. C'est alors le mental qui prend le relais. Il se met en mode alerte, s'agace, s'énerve. Il sent le danger parce que cette personne risque de raviver des émotions profondes. Le jugement et la critique deviennent ses armes. En revanche, si le rejet est plus calme, sans cette intensité émotionnelle, c'est l'intuition qui parle. Elle nous dit simplement que cette personne est toxique pour nous, que nous n'avons plus besoin de nous confronter à ce genre de dynamique pour avancer. Notre bien-être passe alors par l'éloignement, mais sans « *drama* ».

Dans le domaine relationnel, le mental et l'intuition s'affrontent souvent. Le mental tend à aller vers ce qu'il connaît, même si cela ne nous convient plus, tandis que l'intuition nous met en garde, se révélant un véritable atout contre les relations toxiques (voir p. 238).

L'effet miroir de notre intuition émotionnelle

Dans nos relations aux autres, le concept du miroir est essentiel : ce qui nous dérange chez les autres est souvent un reflet d'un aspect non réglé en nous-mêmes. Notre intuition ne se contente pas de « lire » les autres, elle nous force à nous lire nous-mêmes, parfois en appuyant là où ça fait mal. Aussi, si nous ressentons un malaise face à quelqu'un, ce n'est pas toujours parce qu'il est « toxique » ou « négatif ». Parfois, ce malaise peut venir de ce que cette personne nous renvoie sur nous-mêmes : une peur, un souvenir ou une blessure non guérie. C'est ici que l'intuition joue un rôle fondamental, car elle nous pousse à voir avec plus de clarté ces zones sensibles, pas pour nous embêter, mais pour nous faire avancer et grandir. Elle fait office de projecteur, même si cela implique un moment d'inconfort.

Prenons un exemple concret : Martine. Imaginez que, dès qu'elle s'approche de vous, une alerte interne se déclenche. Vous ressentez un mélange d'irritation et de malaise, sans trop savoir pourquoi. *Là, c'est l'intuition qui vous signale que quelque chose mérite votre attention.*

Si Martine incarne pour vous l'autorité et que cela vous dérange profondément à chaque fois qu'elle se positionne, il y a matière à creuser. Peut-être que sa façon d'être touche une corde sensible en vous, réveillant une peur de l'autorité ou un malaise face aux personnes dominantes. La question à se poser serait : *Est-ce que je ressens ce malaise parce que Martine me rappelle quelqu'un dans mon enfance qui était très autoritaire et qui m'a fait peur ?* Si la réponse est oui, alors cette relation, aussi désagréable soit-elle, est une opportunité de guérison. Votre intuition vous signale, par cette gêne, qu'il est temps de regarder cette peur en face, de l'affronter et de la résoudre. Car des Martine, il y en a plein.

Par contre, si en présence de Martine vous sentez que vous êtes à l'aise avec l'autorité et que ce n'est pas un sujet pour vous, alors il s'agit simplement d'une protection intuitive. Martine peut être perçue comme autoritaire sans que cela crée une réaction interne profonde ; vous pouvez simplement sentir que cette relation n'est pas en phase avec vous. Dans ce cas, l'intuition vous invite à poser des limites, à mettre de la distance, sans culpabilité. Vous n'êtes plus impacté ou perturbé ; vous êtes juste clair sur le fait que Martine n'est pas une bonne influence pour vous.

En résumé, l'intuition nous aide à distinguer deux choses :

- **Ce qui nous dérange parce que cela touche une blessure ou une peur à guérir en nous.** Si la personne en face de vous, comme Martine, déclenche un malaise profond et persistant, cela peut être une invitation à explorer vos propres blessures.
- **Ce qui nous dérange sans nous impacter, cela veut dire que la problématique est déjà clarifiée et résolue.** Ici, l'intuition vous pousse simplement à mettre des limites saines, sans être envahi par des émotions ou des réactions disproportionnées.

En écoutant cette petite voix intérieure, vous pouvez choisir d'aborder la relation en fonction de ce que cela déclenche en vous, avec sagesse et discernement. L'intuition devient alors un guide pour avancer en paix et avec clarté, que ce soit en travaillant sur soi-même ou en prenant de la distance avec les « Martine » de votre vie.

Exercice

Ressentez sans juger

Lorsque la personne entre dans votre espace, prenez conscience de ce que vous ressentez immédiatement. Cela peut être une sensation physique, comme une tension dans votre ventre, des frissons ou, au contraire, une sensation de légèreté et d'ouverture. Ne cherchez pas à analyser ni à juger, contentez-vous de ressentir.

1. Questions à se poser :

- ▷ Comment je me sens en présence de cette personne ?
- ▷ Est-ce que mon corps se détend ou se contracte ?
- ▷ Quelle émotion surgit en premier ? Méfiance, sympathie, neutralité ?

Ces ressentis sont souvent la première manifestation de votre intuition.

2. Identifiez le rôle du mental

Après avoir ressenti les premières impressions, remarquez ce que votre mental vous dit. Le mental a souvent tendance à essayer de rationaliser ou de contredire l'intuition. Posez-vous la question :

- ▷ Mon mental est-il en train de me donner des raisons pour aller contre mon ressenti initial ?
- ▷ Est-ce qu'il minimise ce que je ressens en disant « Ce n'est rien » ou « Donne-lui une chance » ?

Prendre conscience de ce dialogue interne vous aidera à mieux différencier ce qui vient du mental et ce qui vient de l'intuition.

3. Validez vos ressentis

Prenez un moment pour réfléchir à la manière dont les choses se sont passées. Comparez vos ressentis initiaux avec l'expérience que vous venez de vivre.

- ▷ Votre intuition était-elle juste ?
- ▷ Avez-vous eu raison de ressentir un malaise ou, au contraire, une affinité ?
- ▷ Si vous avez ignoré vos ressentis, comment cela s'est-il terminé ?

4. Intégrez les précieux retours extérieurs

Comme on l'a mentionné plus tôt, il peut être utile d'écouter vos amis ou proches lorsque vous ressentez des doutes. Après une interaction, partagez vos ressentis avec eux et voyez s'ils confirment ou remettent en question vos impressions. Parfois, un regard extérieur peut vous aider à mieux discerner si c'est votre intuition qui parle ou si c'est le mental qui sème la confusion.

Respecter le processus de chacun

L'un des grands défis de l'intuition relationnelle est de faire la distinction entre le potentiel que vous percevez chez l'autre et la réalité présente. Cette capacité à voir l'autre dans sa version la plus lumineuse peut vous conduire à des attentes irréalistes ou à des déceptions si vous vous attendez à ce que la personne devienne rapidement cette version idéale d'elle-même.

Et là, on arrive à un point crucial : ne pas tomber dans le mode sauveur. Oui, je sais, c'est tentant. Vous voyez clairement que cette personne a un potentiel incroyable, une lumière intérieure prête à briller… et qu'est-ce que vous voulez faire ? Hop ! lui tendre une cape, des gants, et la guider vers son destin glorieux. Mais n'allez pas trop vite. Parce que le truc avec l'intuition relationnelle, c'est qu'elle vous montre ce que l'autre pourrait devenir, mais ça ne veut pas dire que c'est votre mission de le transformer en cette version parfaite, car ce n'est peut-être ni votre rôle ni le bon moment pour lui.

C'est un peu comme si vous aviez un GPS intérieur qui vous montre la destination finale de cette personne, mais il faut se rappeler que ce n'est pas vous qui tenez le volant. Et croyez-moi, essayer de forcer quelqu'un à avancer plus vite que prévu, juste parce que vous voyez son potentiel, c'est un excellent moyen de créer des résistances… et beaucoup de frustration, des deux côtés.

Alors, même si vous avez cette impression très forte que *Wow, cette personne pourrait être tellement plus !*, il est important de ne pas se transformer en coach de vie non sollicité. Parfois, le meilleur cadeau que vous pouvez offrir à quelqu'un, c'est de simplement laisser cette personne être là où elle en est, dans son propre processus. Peut-être qu'elle va grandir, évoluer et atteindre ce potentiel que vous avez perçu… mais à son rythme. Et peut-être aussi qu'elle ne le fera jamais. Et devinez quoi ? C'est OK.

Cultiver le détachement

Il faut se rappeler que chacun avance sur son propre chemin, avec ses propres leçons à apprendre et que, même si vous voyez clair comme de l'eau de roche ce qui pourrait être amélioré et où cette personne pourrait aller, ce n'est peut-être pas votre rôle de la pousser dans cette direction. C'est un peu comme si vous aperceviez un gâteau au four qui vient à peine de commencer à cuire et que vous décidiez de monter la température à 300 °C pour qu'il soit prêt plus vite : ça ne fonctionne pas. Non seulement vous allez cramer le gâteau (les capacités de cette personne), mais en plus vous risquez de ruiner la relation. Alors, patience !

ATTENTION !

Je ne dis pas que vous ne pouvez pas être un soutien ou une inspiration pour l'autre, bien au contraire. Mais la clé, c'est de ne pas imposer vos ressentis, aussi clairs et puissants soient-ils. On ne peut pas jouer au sauveur tout simplement parce qu'on voit ce que l'autre pourrait être. Sinon, on risque de glisser dans la dépendance émotionnelle, où vous vous retrouvez à vouloir gérer la vie de l'autre, tout en négligeant vos propres besoins et limites.

L'intuition relationnelle est un merveilleux outil, mais il faut savoir l'utiliser avec bienveillance et un brin de détachement.

L'intuition relationnelle, c'est donc à la fois une bénédiction et un défi. Elle vous permet de créer des liens profonds, de mieux comprendre ceux qui vous entourent, mais elle demande aussi une grande lucidité pour ne pas tomber dans l'idéalisation.

Exercice

Méditation sur vos ressentis émotionnels dans une relation

Je vous propose un exercice simple pour vous connecter à vos ressentis émotionnels à travers une méditation. Il va vous permettre de clarifier ce que vous ressentez dans une relation spécifique et de voir comment cela affecte votre bien-être.

Instructions pour l'exercice :

1. Installez-vous confortablement : trouvez un endroit calme où vous pouvez vous asseoir ou vous allonger en toute tranquillité. Prenez une position où vous vous sentez à l'aise et détendu.

2. Fermez les yeux et respirez : prenez quelques grandes respirations pour relâcher les tensions. Inspirez profondément par le nez et expirez lentement par la bouche. Continuez ainsi pendant quelques minutes pour vous centrer.

3. Concentrez-vous sur une relation : amenez à votre esprit une relation qui occupe actuellement vos pensées. Il peut s'agir d'une relation amicale, familiale, amoureuse ou professionnelle.

4. Observez vos ressentis émotionnels : maintenant, portez votre attention sur ce que vous ressentez en pensant à cette relation. Sans chercher à analyser ou à comprendre, laissez vos émotions et sensations physiques s'exprimer. Vous pourriez ressentir de la légèreté, du bonheur ou au contraire de la tension, de l'agitation. Il se peut que votre cœur s'accélère, que votre estomac se serre ou que vous ressentiez une chaleur douce.

5. Accueillez vos émotions : ne jugez pas ce qui émerge. Accueillez vos émotions avec bienveillance, quelles qu'elles soient. Observez simplement ce qui se passe en vous.

Notez vos ressentis après la méditation : après 10 minutes de méditation, prenez un carnet et notez les émotions et sensations que vous avez ressenties. Demandez-vous comment cette relation influence votre bien-être émotionnel : est-ce que cette relation vous apporte de la paix ou du stress ? Est-ce qu'elle vous nourrit ou vous épuise ? Comment votre intuition pourrait-elle vous guider pour améliorer ou ajuster cette relation ?

Se protéger des énergies tout en restant à l'aise en société

Ah, les joies de la vie en société quand on est intuitif et ultra-sensible ! Un vrai terrain de jeu… ou un champ de bataille, selon les jours. Parce que, si vous êtes équipé de ces fameux petits capteurs qui ressentent tout facilement chez les autres, le quotidien peut vite devenir épuisant.

Vous voyez ce moment où vous prenez le métro et que votre voisin vous transmet son stress, son anxiété et peut-être même sa colère ? Ou encore, cette soirée où vous êtes entouré de centaine de personnes, et soudain, votre tête crie : *ALERTE ! Trop d'ondes, trop de vibrations, trop de tout ?* Vous vous sentez comme saoulé, vous avez la tête qui tourne et une sensation de fatigue et vous avez envie de partir.

Heureusement, fuir n'est pas la seule solution (même si, soyons honnêtes, parfois, on a juste envie de courir très loin). Voici quelques clés pour rester à l'aise, même dans un bain d'énergies, sans se transformer en éponge émotionnelle.

Comprendre ce qui se passe : vos capteurs sont en mode « danger imminent »

Quand vous ressentez trop fort ce qui se passe autour de vous, c'est parce que vos capteurs (ces petites antennes énergétiques invisibles) sont hyperactifs. Ils captent tout : les vibrations, le mal-être, la joie forcée, et même les humeurs de la personne à 3 mètres. Tout ça, sans tri. Avec une personne ou deux, ça passe encore. Mais dans une foule ou un espace confiné comme le métro, vos capteurs hurlent *Protégez les frontières ! Ne laissez rien entrer !* Résultat : vous êtes tendu, parfois même angoissé, et votre énergie s'évapore à vitesse grand V, car vous êtes en tension.

L'astuce n° 1 : apprendre à remplir votre sac d'énergie

Imaginez que vous avez un sac énergétique. Quand vous êtes vidé, ce sac est vide, et il devient une cible parfaite pour absorber tout ce qui traîne autour (ce n'est jamais une bonne idée). La solution ? Remplir votre sac vous-même, avant d'entrer dans une situation compliquée. Posez-vous la question : *Qu'est-ce qui me régénère vraiment ?* Pour certains, c'est écouter de la musique, pour d'autres, c'est marcher dans la nature, méditer ou même se préparer un bon plat. Peu importe le moyen, l'essentiel est de nourrir votre énergie avant de vous confronter à un environnement social.

EXEMPLE PRATIQUE

Avant une grosse réunion ou une soirée, prenez 5 minutes pour vous recentrer. Respirez profondément et visualisez votre énergie comme un sac qui se remplit de lumière ou de vitalité. Quand vous entrez dans la pièce, vous êtes déjà plein, donc moins vulnérable à ce que les autres dégagent.

Apprendre à poser des limites, même énergétiques

L'autre secret pour ne pas se faire aspirer, c'est de poser des limites claires, y compris énergétiques. Cela ne veut pas dire devenir froid ou distant, mais simplement apprendre à dire *Non, ça, ce n'est pas pour moi*.

Par exemple : si un collègue commence à déverser son stress sur vous, écoutez-vous. Si votre corps vous dit *Stop, ça suffit*, n'hésitez pas à détourner la conversation ou à dire que vous reviendrez vers lui plus tard.

Si vous êtes dans une foule ou une situation angoissante, imaginez un « espace personnel énergétique » autour de vous, comme une bulle protectrice. Elle ne laisse entrer que ce qui vous fait du bien.

Dire non, ce n'est pas être égoïste, c'est prendre soin de soi pour être disponible pour les bonnes choses.

Prendre conscience de l'effet de l'environnement sur vous

Certaines situations ou certains lieux assèchent votre énergie plus que d'autres. Si vous sentez que votre batterie se vide dès que vous mettez un pied dans une certaine pièce ou que vous parlez à une personne précise, ce n'est pas dans votre tête. Écoutez ces signaux et adaptez-vous :

- Limitez le temps passé dans ces environnements, si possible.
- Prenez des pauses régulières pour vous reconnecter à vous-même, même si c'est 2 minutes dans les toilettes pour respirer !

NE VOUS OUBLIEZ PAS : RECHARGEZ-VOUS RÉGULIÈREMENT

Enfin, acceptez qu'être sensible et intuitif demande un peu plus d'entretien énergétique. Cela ne fait pas de vous quelqu'un de fragile, mais quelqu'un de conscient de ses besoins. Rechargez-vous régulièrement, identifiez ce qui vous fait du bien, et n'attendez pas d'être à plat pour agir.

En résumé, vos capteurs sont comme une radio ultra-sensible qui capte toutes les fréquences : apprenez à les régler, à les protéger et à les utiliser à bon escient. Avec un sac énergétique bien rempli et des limites claires, vous pourrez naviguer en société sans vous laisser envahir, et même en tirer le meilleur. Alors, respirez, visualisez votre bulle et faites confiance à vos ressources : elles sont là, et elles vous soutiennent.

En résumé, l'intuition relationnelle est plus qu'un simple outil pour mieux comprendre les autres. C'est une porte vers une meilleure connaissance de soi à travers nos relations. Et si elle est parfois inconfortable, c'est parce qu'elle veut notre bien. Elle cherche à nous rendre plus authentiques, plus alignés, et surtout plus libres.

Exercice

Identifiez vos projections relationnelles et apprenez de vos attentes

Cet exercice vous invite à explorer les relations dans lesquelles vous avez projeté un potentiel non réalisé, que ce soit chez un partenaire, un ami ou un collègue. L'objectif est de comprendre ce que ces projections disent de vos attentes, et comment elles influencent vos relations actuelles.

Objectif de l'exercice :

- ▷ Identifier vos schémas de projection dans les relations.
- ▷ Comprendre ce que vos attentes disent sur vous-même.
- ▷ Ajuster vos attentes pour créer des relations plus équilibrées et authentiques.
- ▷ Apprendre à reconnaître et à lâcher prise sur vos projections est une étape clé pour naviguer dans vos relations avec plus de sérénité et de respect mutuel.

Étape 1. Pensez à une relation.

Prenez quelques instants pour réfléchir à une relation passée ou actuelle dans laquelle vous avez senti ou cru que l'autre personne avait un « potentiel » qu'elle n'a jamais réalisé.

Cela peut être un ami que vous voyiez devenir un artiste talentueux, mais qui a abandonné ; un partenaire amoureux en qui vous aviez confiance pour changer ou évoluer, mais qui n'a pas répondu à vos attentes ; un collègue que vous imaginiez s'investir davantage dans un projet, mais qui n'a pas tenu ses promesses.

Étape 2. Analysez vos attentes.

Posez-vous ces questions :

- ▷ Quel potentiel je voyais chez cette personne ?
- ▷ Était-ce une qualité, un talent ou une capacité que j'admire ou que je ne supporte pas ?
- ▷ Pourquoi étais-je attaché à ce potentiel ?
- ▷ Était-ce une envie de l'aider, de le guider ou un besoin de validation personnelle (par exemple, prouver que vous aviez raison) ?
- ▷ Qu'ai-je ressenti lorsque ce potentiel n'a pas été réalisé ?
- ▷ Était-ce de la frustration, de la déception ou le sentiment d'avoir mal évalué la personne ?
- ▷ Si ce potentiel m'a renvoyé une émotion négative, à quoi cette émotion venait faire écho ?

Étape 3. Ce que cela vous a appris.

Réfléchissez à ce que ces relations vous ont enseigné sur vos attentes et vos propres projections :

- ▷ Mes attentes étaient-elles réalistes ?
- ▷ Est-ce que je respectais le rythme ou les priorités de cette personne, ou est-ce que je voulais qu'elle change pour répondre à mes besoins ?
- ▷ Que disaient sur moi-même mes projections ?
- ▷ Parfois, ce que nous projetons chez les autres reflète ce que nous aimerions développer ou accomplir en nous-mêmes. Y avait-il un écho entre son « potentiel » et vos aspirations ?
- ▷ Comment puis-je ajuster mes attentes dans mes relations actuelles ?

- ▷ Quelles leçons pouvez-vous appliquer pour mieux accepter les autres tels qu'ils sont, sans essayer de les « réparer » ou de les pousser à changer ?

Étape 4. Écrivez une conclusion personnelle.

Rédigez un court paragraphe pour résumer ce que cet exercice vous a appris. Par exemple :

- ▷ J'ai compris que mes projections venaient souvent de mon envie de contrôler ou de guider mais que cela mettait une pression sur l'autre personne.
- ▷ Ce que je projetais chez l'autre était en fait ce que j'avais envie d'accomplir dans ma propre vie.
- ▷ Aujourd'hui, je comprends l'importance d'aimer et de respecter les autres tels qu'ils sont, sans les forcer à répondre à mes attentes.

EXEMPLE D'APPLICATION RÉUSSIE

Thomas, chef d'équipe dans une PME, se sentait souvent irrité par une collègue qu'il trouvait « arrogante ». En réalisant l'exercice sur les projections, il a pris conscience qu'il percevait chez elle une confiance en soi qu'il n'avait pas encore développée. Plutôt que de rester dans le jugement, il a travaillé sur sa propre estime et s'est rendu compte que leurs interactions devenaient plus sereines. Il a même appris à apprécier son franc-parler.

Partie 3

RÉVÉLER ET OPTIMISER SON INTUITION... ET SES RELATIONS !

Reconnaître son intuition pour mieux l'utiliser

Utiliser l'intuition relationnelle, c'est d'abord reconnaître que vous possédez cette capacité. Oui, vous avez ce don naturel, même si parfois il se fait discret ou si vous ne l'avez pas encore totalement identifié. Une fois que vous en prenez conscience, il s'agit de l'écouter, de le nourrir, mais aussi de le tempérer avec la réalité. Car si l'intuition est un guide précieux, elle doit cohabiter avec ce que la vie vous montre réellement. Voici quelques pistes pour mieux manier cette intuition dans vos relations.

Écouter vos ressentis

Première étape : soyez attentif à ce que vous ressentez lorsque vous êtes en présence de quelqu'un. Que vous dit votre corps ? Avez-vous cette sensation d'être attiré par cette personne ou, au contraire, ressentez-vous une forme de méfiance inexplicable ? C'est souvent le corps qui parle avant même que l'esprit trouve les mots pour expliquer ces sensations. Ces ressentis, même subtils, sont des messages de votre intuition relationnelle. Faites-leur confiance, car votre corps capte des énergies que votre esprit rationnel n'a pas encore analysées.

Faire la différence entre la perception et la réalité

Deuxième étape : il est important de comprendre que ce que vous percevez intuitivement chez l'autre n'est pas forcément la réalité du moment. Vous pouvez ressentir un potentiel immense, voir la personne telle qu'elle pourrait être à son apogée, mais cela ne veut pas dire qu'elle est déjà cette version d'elle-même. Accepter l'autre tel qu'il est aujourd'hui est crucial. Apprenez à faire la différence entre cette projection idéale et la réalité actuelle. Vous pouvez être attiré par ce que vous voyez chez quelqu'un, mais gardez à l'esprit qu'il ou elle n'a peut-être pas encore atteint ce niveau d'évolution que vous percevez.

Poser des limites

Si vous êtes du genre à être attiré par le potentiel des gens, c'est magnifique... mais attention ! Il est essentiel de poser des limites pour ne pas vous perdre dans l'attente ou l'espoir qu'une personne se transforme. Il est tellement facile de se laisser emporter par cette version idéalisée de l'autre que l'on voit à travers l'intuition relationnelle. Mais rappelez-vous, tout le monde n'est pas prêt à manifester ce que vous percevez. Protégez-vous en vous rappelant que vous ne pouvez pas forcer quelqu'un à devenir ce qu'il n'est pas encore prêt à être.

Exercice

Développer son intuition relationnelle

L'objectif est d'apprendre à écouter son ressenti face à une personne ou à une situation relationnelle pour mieux comprendre les dynamiques en jeu. L'exercice est à faire en binôme ou en petit groupe.

Préparation. Installez-vous dans un endroit calme. Prenez une grande inspiration, fermez les yeux et concentrez-vous sur votre respiration pendant quelques instants pour vous recentrer.

Observation intuitive. Fixez la personne pendant 30 secondes sans parler, en observant vos ressentis. Notez mentalement :

- ▷ Ce que vous ressentez en sa présence (joie, curiosité, gêne, calme, etc.).
- ▷ Ce que son énergie ou son attitude évoque pour vous (un mot ou une image qui vous vient à l'esprit).

Partage des impressions. Expliquez à votre binôme ce que vous avez ressenti ou perçu. Soyez honnête mais bienveillant. Par exemple : « Quand je te regarde, je ressens beaucoup de sérénité. Une image de nature me vient, comme un arbre solide. »

Réponse et validation. La personne qui écoute peut répondre en validant ou en ajustant vos impressions. Par exemple : « C'est intéressant, car on me dit souvent que je suis solide et que je suis fort, mais parfois cela me fatigue. »

Questionnement. Qu'avez-vous découvert sur l'autre ou sur vous-même ? Quelle part de cette observation intuitive pourrait améliorer votre relation ou votre façon de percevoir les autres ?

Variante si vous êtes seul : regardez une photo de quelqu'un (un ami, un collègue ou une personne publique). Faites l'exercice en imaginant ses émotions et sa personnalité, puis comparez avec ce que vous savez ou apprenez plus tard sur cette personne.

Quand on ne reconnaît pas l'intuition

Il n'y a pas de problème à ne pas reconnaître vos ressentis comme de l'intuition, et il peut y avoir plusieurs raisons à cela.

Reconnaître l'intuition relationnelle dans son quotidien

Peut-être que la raison pour laquelle vous avez l'impression de ne pas être intuitif, c'est que vous n'avez pas encore reconnu que ces petits ressentis sur les autres sont en réalité... de l'intuition ! Eh oui, l'intuition relationnelle n'est pas toujours aussi « évidente » ou spectaculaire que d'autres formes d'intuition, comme les grandes révélations soudaines ou les fameux flashs de clairvoyance. Elle est plus subtile, plus discrète, mais tout aussi puissante, et surtout précieuse dans notre vie de tous les jours.

C'est un peu un superpouvoir que vous avez sans vraiment en avoir conscience. Vous vous dites peut-être : *Oh, c'est juste une impression*, ou *C'est sûrement une coïncidence*, mais non, ce n'est pas qu'une impression ! C'est votre sixième sens social qui s'exprime. Vous l'utilisez déjà sans même le savoir, et c'est ça qui est beau !

Les signes que votre intuition relationnelle est déjà active

Voici quelques signes que votre intuition relationnelle est déjà bien active (même si vous ne vous en étiez pas rendu compte).

1. Vous captez l'énergie d'une pièce ou d'une personne sans même parler : vous entrez quelque part et, avant même d'échanger un mot avec quelqu'un, vous savez si l'atmosphère est détendue, tendue, ou si quelque chose cloche. C'est comme si votre radar interne captait les vibrations ambiantes. Vous pourriez même vous dire : *Ouh là, l'énergie est lourde ici* ou *Waouh, cette personne a une super bonne vibration.*

2. Vous ressentez les émotions des autres, même quand elles ne sont pas exprimées : vous avez déjà remarqué que, même quand quelqu'un sourit et dit que tout va bien, vous sentez quand ce n'est pas vraiment le cas ? Cette petite boule dans le ventre qui vous dit que quelque chose ne colle pas, ou ce poids dans la poitrine qui apparaît soudainement. Vous captez les émotions non dites, les détails subtils que les autres pourraient ne jamais exprimer. C'est comme si vous lisiez entre les lignes émotionnelles, et ça, c'est clairement de l'intuition !

3. Vous vous fiez à votre instinct dans vos relations : vous avez souvent une première impression sur une personne, et même si vous ne savez pas pourquoi, cette impression s'avère généralement juste. Vous êtes peut-être du genre à savoir immédiatement si une personne est digne de confiance ou pas, si vous allez bien vous entendre avec elle ou s'il vaut mieux rester à distance. Et, soyons honnêtes, dans la majorité des cas, vous aviez raison dès le départ, non ?

Ce type de ressentis est souvent minimisé ou mal compris, parce qu'il ne correspond pas aux stéréotypes classiques de l'intuition, ceux où l'on imagine recevoir des messages comme des éclairs divins ou des visions incroyables. Mais sachez que ces petits « signaux » quotidiens, ces impressions subtiles, sont tout aussi valables que les « grandes révélations ».

Vous êtes probablement déjà en contact avec ces impressions intuitives sans vous rendre compte que c'est votre intuition relationnelle qui est en action. Et c'est là tout l'intérêt : l'intuition relationnelle ne crie pas toujours « Regarde-moi ! », mais elle est là, sous la surface, prête à vous guider dans vos interactions, vos relations, et même dans vos choix de vie, avec douceur et subtilité.

Exercice

Écouter son intuition

Cet exercice vous aide à :

▷ Prendre conscience de vos ressentis intuitifs au quotidien.

▷ Identifier les signaux subtils qui vous guident.

▷ Développer une confiance en votre intuition en validant son utilité.

Souvenez-vous, votre intuition ne crie pas, elle murmure. C'est à vous de tendre l'oreille et d'écouter.

Étape 1. Soyez attentif aux signaux intuitifs.

Pendant une journée (ou une semaine si vous voulez approfondir), prenez conscience des petits ressentis ou impressions qui surgissent dans différentes situations. Ils peuvent se manifester sous forme de :

▷ Une sensation dans le corps (légèreté, tension, chaleur, etc.).

▷ Une pensée spontanée ou une image mentale qui apparaît sans raison apparente.

▷ Une émotion soudaine, comme de l'apaisement ou de l'agitation.

▷ Une envie de faire ou d'éviter quelque chose, sans explication rationnelle.

Étape 2. Prenez note de vos ressentis.

Gardez un carnet ou utilisez votre téléphone pour écrire vos ressentis au fil de la journée. Posez-vous ces questions pour structurer vos observations :

▷ Qu'ai-je ressenti ?

- ▷ Était-ce une sensation physique (par exemple, un nœud au ventre, un frisson) ou une émotion (de la joie, un malaise, par exemple) ?
- ▷ Dans quelle situation ou contexte ce ressenti est-il apparu ?
- ▷ Étiez-vous en présence de quelqu'un ?
- ▷ Étiez-vous sur le point de prendre une décision ou d'agir ?
- ▷ Quelle action ou décision ai-je prise à la suite de ce ressenti ?
- ▷ L'ai-je ignoré ou suivi ?

Étape 3. Validez vos ressentis.

À la fin de la journée, relisez vos notes et réfléchissez :

- ▷ Les ressentis que vous avez eus se sont-ils avérés utiles ou justifiés ?
- ▷ Avez-vous remarqué des récurrences (comme toujours ressentir un nœud au ventre face à une personne particulière) ?
- ▷ Y a-t-il des ressentis que vous auriez pu écouter davantage pour éviter une situation ou renforcer une action positive ?

Entraînez-vous à noter vos ressentis chaque jour pendant une semaine. Plus vous serez attentif à ces petits signes intuitifs, plus ils deviendront clairs et faciles à interpréter. Avec le temps, cela deviendra un réflexe naturel et renforcera votre connexion avec votre intuition.

Les messages du corps comme guides intuitifs

Le corps parle : apprenez à écouter votre petit doigt comme le reste de votre corps

On entend souvent dire que « Le corps ne ment jamais ». Cette phrase résume parfaitement l'importance de prêter attention aux signaux que notre corps nous envoie. Chaque sensation, chaque frisson, chaque tension ou relâchement musculaire est une forme de communication subtile. Notre corps est comme un instrument ultra-sensible qui capte des informations avant même que notre esprit conscient les interprète.

Apprendre à écouter son corps, c'est un peu comme apprendre une nouvelle langue. Les mots sont remplacés par des sensations, des ressentis qui émergent parfois sans prévenir. Prenons un exemple simple : avez-vous déjà ressenti un nœud à l'estomac avant de prendre une décision importante, ou une sensation de légèreté en rencontrant une nouvelle personne avec qui vous vous sentez immédiatement à l'aise ? Ces ressentis ne sont pas anodins. Ils sont les premières expressions de ce que l'on pourrait appeler une « intuition corporelle ».

Le frisson qui parcourt votre colonne vertébrale ou cette pression dans la poitrine ne sont pas que des manifestations physiques. Ils sont souvent le signe que votre corps capte des informations importantes, qu'il vous parle d'une manière que les mots ne peuvent pas toujours traduire.

Le corps est constamment en dialogue avec le monde qui l'entoure. Il capte des vibrations, des énergies, et des émotions que votre cerveau n'a pas encore analysées. C'est pourquoi il est crucial d'apprendre à décoder ces messages corporels, car ils sont souvent les prémices de votre intuition qui tente de se manifester. Ignorer ces signes, c'est passer à côté d'une forme précieuse de guidance intérieure.

Le corps : premier radar de l'intuition

Votre corps est un petit malin. Avant même que votre cerveau commence à rationaliser une situation, votre corps a déjà capté les signaux subtils qui l'entourent et vous envoie des messages. Ces signaux sont les premières manifestations de l'intuition, cette forme de connaissance immédiate qui surgit sans l'aide de la réflexion logique.

Imaginez : vous entrez dans une pièce pour la première fois. Avant même d'avoir eu le temps de regarder autour de vous ou de parler à quelqu'un, votre corps peut déjà vous transmettre un ressenti. Peut-être ressentez-vous une légère gêne ou, au contraire, un agréable sentiment de bien-être. Ce que vous ressentez est un exemple concret de votre corps captant des informations intuitives, avant que votre esprit conscient ait eu le temps d'interpréter quoi que ce soit.

C'est comme si votre corps possédait un radar interne, capable de détecter les énergies et les vibrations autour de vous. Ces signaux peuvent se manifester par une légère modification de votre respiration, un frisson... Votre cerveau, lui, est encore occupé à chercher des explications rationnelles et peut parfois être en retard par rapport à ces ressentis. Votre corps capte les signes intuitifs bien avant que votre esprit conscient ait eu le temps de réagir. En développant une écoute attentive de votre corps, vous ouvrez la porte à une intuition plus développée, capable de vous guider avec une précision que la simple réflexion mentale ne peut offrir. Apprendre à décoder ces messages corporels, c'est faire un pas de géant vers une vie où l'intuition devient un guide de confiance.

Pour que l'intuition fonctionne comme une symphonie bien accordée, il est essentiel que le corps, les ressentis et le mental jouent en harmonie, sinon c'est la cacophonie assurée. Le corps est le premier à capter les signaux du monde extérieur, que ce soit sous forme de sensations physiques, comme une tension dans les épaules, une chaleur soudaine ou un frisson. Ces signaux peuvent aussi se présenter sous forme de sons ou d'images qui surgissent spontanément, sans que vous en compreniez immédiatement la signification.

C'est là que le mental entre en scène. Le mental a besoin de comprendre et de rationaliser. Il prend les informations brutes captées par le corps et les ressentis, les passe au crible de la logique, des expériences passées et des connaissances pour leur donner un sens. C'est ce processus d'analyse qui permet de transformer une simple sensation en une décision éclairée ou une action concrète ou de tout stopper en décidant que c'est un danger. Car ces ressentis peuvent créer des émotions, qui vont être classées par le mental comme positives ou négatives.

Pour que cette harmonie entre le corps, les ressentis et le mental soit efficace, il est crucial que chacun joue son rôle sans empiéter sur celui des autres. Le corps doit être écouté sans que le mental le juge ou l'ignore. Les ressentis doivent être accueillis comme des messages précieux, même s'ils semblent parfois déconcertants. Et le mental doit apprendre à ne pas étouffer l'intuition sous une avalanche de doutes ou de rationalisations excessives.

Quand ces trois aspects travaillent ensemble en synergie, l'intuition devient un outil puissant et fiable pour naviguer dans la vie. Elle permet de capter les signaux subtils, de les comprendre à travers le prisme de votre expérience et de votre raison, et de les transformer en actions concrètes. Développer son intuition, c'est donc apprendre à faire confiance à cette danse intérieure entre le corps, les ressentis et le mental. Pas évident quand on sait à quel point ces parties de nous sont différentes.

En fin de compte, l'intuition n'est pas seulement une question de réflexion ou d'imagination, elle est profondément ancrée dans votre corps. Chaque signal intuitif que vous recevez passe par lui. Apprendre à être intuitif ne consiste pas seulement à « ouvrir son troisième œil » ou à méditer dans le silence absolu, mais bien à écouter les signaux subtils que votre corps vous envoie chaque jour. Comprendre votre côté intuitif requiert une approche corporelle. Votre corps est le réceptacle de votre intuition, traversé par des canaux énergétiques qui véhiculent cette connaissance subtile. Pour développer votre intuition, il faut d'abord apprendre à écouter votre corps, à comprendre les messages qu'il vous envoie et à faire confiance à ces ressentis.

Les signaux qui ne trompent pas

Commençons par les signaux positifs.

Les frissons

Une sensation agréable le long de la colonne vertébrale ou des jambes, souvent associée à une prise de conscience ou à une vérité intérieure.

Signification : ils sont un indicateur que vous êtes sur la bonne voie.

> **ASTUCE** Prenez un moment pour noter ce qui a déclenché ce frisson. Cela peut être une clé pour avancer.

Une sensation de chaleur

Une chaleur douce et réconfortante dans la poitrine ou les mains, liée à des émotions de bien-être, d'amour ou de paix.

Signification : elle reflète souvent un alignement avec ce qui vous nourrit émotionnellement.

> **ASTUCE** Profitez de cette énergie pour consolider vos intentions ou partager ce bien-être avec d'autres.

Le sourire spontané

Lorsque vous souriez sans raison apparente, c'est un signe que quelque chose vous met en alignement avec vos désirs profonds et vous procure de la joie.

Signification : quelque chose vous nourrit ou résonne profondément avec vous.

> **ASTUCE** Laissez ce sourire éclairer votre journée et renforcez ce qui a suscité cette émotion.

Une ouverture dans la poitrine

Une sensation d'expansion, associée à des sentiments de liberté, d'amour ou d'acceptation.

Signification : vous êtes en harmonie avec vos valeurs ou une situation.

ASTUCE Utilisez cette énergie pour cultiver la gratitude ou approfondir un lien relationnel.

Un élan d'énergie

Un regain soudain de vitalité, d'énergie ou de motivation.

Signification : vous prenez une décision alignée ou vous êtes sur le bon chemin.

ASTUCE Suivez cet élan pour avancer dans vos projets ou explorer de nouvelles opportunités.

Vision plus claire ou lumière accrue

Une sensation que la lumière autour de vous est plus vive.

Signification : un moment d'évolution spirituelle ou d'alignement intuitif.

ASTUCE Profitez de cette clarté pour prendre des décisions ou approfondir une réflexion.

Certains signaux, quant à eux, sont de véritables signaux d'alerte, nous appelant à réévaluer une situation.

Une lourdeur dans la poitrine

Un poids ou une pression qui reflète un étouffement émotionnel.

Signification : vous subissez des attentes ou des pressions émotionnelles excessives.

ASTUCE Prenez une grande respiration et évaluez si vous devez poser des limites ou alléger la situation.

Un nœud dans l'estomac

Une agitation ou une tension dans le ventre, signalant de l'insécurité ou des non-dits.

Signification : quelque chose vous met mal à l'aise ou requiert votre attention.

ASTUCE Prenez un moment pour clarifier vos ressentis ou poser des questions si cela concerne une interaction.

Une boule dans la gorge

Une sensation d'oppression ,souvent associée à une difficulté à s'exprimer ou à poser des limites.

Signification : cela indique qu'il est temps de rétablir un équilibre dans la communication.

> **ASTUCE** Essayez d'identifier ce que vous devez verbaliser pour alléger cette sensation.

Une tension musculaire

Une crispation dans les épaules, le cou ou le dos, traduisant une charge émotionnelle qui ne vous appartient pas.

Signification : vous absorbez les problèmes des autres ou une pression extérieure.

> **ASTUCE** Relâchez cette tension par une respiration profonde ou une courte pause pour vous recentrer, dites-vous que cela ne vous appartient pas, et que vous n'avez pas besoin de prendre tout sur vos épaules.

Une oppression dans le ventre

Une sensation de malaise ou douleur dans le ventre ou l'estomac.

Signification : un manque de sécurité ou une instabilité émotionnelle.

> **ASTUCE** Faites le vide avec ce qui vous procure cette insécurité et focalisez-vous sur ce qui vous sécurise dans votre vie.

Des palpitations cardiaques

Une accélération du rythme cardiaque, liée à une excitation intense mais instable.

Signification : si la situation semble chaotique, votre intuition vous invite à chercher des bases plus solides.

> **ASTUCE** Calmez votre rythme en respirant profondément et analysez si cette excitation est saine ou précipitée.

Une sensation de vide ou une fatigue soudaine

Une impression d'épuisement.

Signification : un signal que vous donnez trop sans recevoir en retour, laissant votre énergie s'épuiser.

> **ASTUCE** Réévaluez l'équilibre dans vos relations ou activités.

Un froid dans les mains ou des frissons désagréables

Une sensation de froid liée à une interaction ou à un environnement.

Signification : cela peut révéler une énergie drainante ou une dynamique relationnelle qui vous vide. Posez des limites pour protéger votre énergie.

> **ASTUCE** Visualisez un bouclier ou une lumière protectrice et limitez votre exposition à cette influence.

Une envie de fuir ou malaise physique

Lorsque tout en vous hurle de partir.

Signification : c'est une alerte d'incompatibilité ou de danger émotionnel. Ce ressenti indique que la situation ou la relation va à l'encontre de vos valeurs ou de votre bien-être.

> **ASTUCE** Écoutez cette alerte et éloignez-vous pour préserver votre bien-être.

Certains signaux, plus neutres, traduisent simplement des changements énergétiques à observer.

Des papillons dans le ventre

Une légère nervosité ou une anticipation.

Signification : un moment d'excitation ou un pressentiment.

> **ASTUCE** Prenez le temps de clarifier si cette sensation est positive ou négative.

Des fourmillements, des picotements dans les mains, les pieds ou le visage

Signification : une forte énergie intuitive. Ils peuvent refléter un alignement ou une tension à résoudre.

> **ASTUCE** Explorez ce qui provoque ces fourmillements pour comprendre leur message.

Un sursaut ou réflexe involontaire

Une réaction physique soudaine.

Signification : ressentis face à une prise de conscience forte d'une énergie particulière.

> **ASTUCE** Notez ce qui vous a fait sursauter et voyez comment cela résonne avec la situation.

Des picotements dans le cuir chevelu

Une sensation qui accompagne souvent une connexion spirituelle ou une intuition marquée.

Signification : vous êtes en changement énergétique, votre intuition se développe.

> **ASTUCE** Prenez ce moment pour approfondir votre réflexion ou vous ouvrir à ce qui vient.

Des étourdissements ou des vertiges

Une réponse à un changement énergétique dans l'environnement ou à une rencontre avec une énergie déstabilisante.

Signification : une énergie déstabilisante ou un besoin de recentrage.

> **ASTUCE** Ancrez-vous en posant vos pieds au sol et en respirant profondément.

Une exploration physique très personnelle

L'exploration des signes physiques de l'intuition est une aventure personnelle. Les sensations envoyées par votre corps, qu'elles soient agréables ou inconfortables, indiquent que votre intuition essaie de communiquer avec vous. Cependant, ce qui est important à comprendre, c'est que ces sensations peuvent varier d'une personne à l'autre.

Ce qui veut dire quelque chose pour moi, comme une sensation de chaleur dans la poitrine lorsque je suis en alignement avec une décision, pourrait signifier tout autre chose pour vous. Il n'y a pas de « mode d'emploi » universel pour interpréter les signaux de l'intuition, car ils sont intimement liés à votre propre corps, à votre vécu et à vos expériences émotionnelles. C'est pourquoi il est essentiel de voir cela comme un travail de découverte et d'apprentissage. Au début, cela peut sembler déroutant, voire frustrant, de ne pas comprendre immédiatement ce que votre corps essaie de vous dire. Mais avec le temps, vous commencerez à repérer les motifs récurrents, les sensations qui reviennent souvent et qui, peu à peu, prendront un sens pour vous.

Rassurez-vous, vous n'aurez pas à gérer tous les symptômes possibles en même temps ! Quelques sensations deviendront vos « signatures » personnelles, des indices que vous apprendrez à reconnaître et à interpréter facilement. Par exemple, peut-être que chaque fois que vous ressentez un picotement dans les mains, c'est un signal pour vous que quelque chose de positif est sur le point de se produire. Ou peut-être qu'une pression dans votre gorge vous indique qu'une situation requiert plus de prudence.

En apprivoisant ces signaux, en prenant le temps de les observer et de les comprendre, vous développerez une relation de confiance avec votre corps. Vous saurez de plus en plus rapidement ce que chaque sensation signifie pour vous, et vous serez en mesure de répondre à votre intuition de manière plus fluide et plus confiante.

Je vous l'accorde, les nombreux symptômes assez courants que l'on vient d'énumérer peuvent être confondus avec de l'anxiété ou de l'angoisse au point que nous pourrions les ignorer ou les refouler. Chacun est libre de gérer ses sensations comme il l'entend, avec un peu d'entraînement : rassurez-vous, plus vous vous y habituerez, moins elles vous envahiront. D'abord parce que vous saurez ce qu'elles signifient, et ensuite parce que vous apprendrez à les laisser passer pour ce qu'elles sont : des ressentis du moment, qui ne vous appartiennent pas vraiment. Et puis, vous avez tout à fait le droit de baisser le volume de ces ressentis. Pas besoin de monter à fond le son pour apprécier une belle mélodie ; vous pouvez très bien savourer toutes les subtilités de la musique en baissant le volume à 4 ou 5. Donc, quand vous les aurez analysés, compris et intégrés, demandez : *Je baisse le volume des ressentis à 5, par exemple.* Ne vous inquiétez pas si jamais vous ne les entendez plus, ils sauront revenir bien fort dans votre corps.

Les ressentis énergétiques : une sensation d'énergie drainante ou revitalisante

Vous percevez des variations dans l'énergie ambiante ou l'aura d'une personne. Cela peut se manifester comme une impression de « chaleur » ou de « froideur », une sensation d'attirance ou de recul face à quelqu'un, ou encore une impression que l'espace est chargé d'une certaine vibration (positivement ou négativement). Par exemple, en entrant dans une pièce, vous pouvez sentir si l'atmosphère est tendue ou harmonieuse avant même d'avoir échangé un mot. Ce type de ressenti est particulièrement utile pour comprendre les dynamiques relationnelles à un niveau subtil.

La sensation d'énergie drainante

Vous discutez avec une personne et, après quelques minutes, vous vous sentez épuisé, comme si vous aviez couru un marathon sans bouger de votre chaise.

Signification : la personne absorbe inconsciemment votre vitalité. Cela peut aussi être le signe que vous êtes dans une relation déséquilibrée où vous donnez beaucoup sans recevoir.

> **ASTUCE** Posez mentalement des limites. Imaginez un bouclier protecteur autour de vous ou changez subtilement de sujet pour évaluer si la dynamique s'allège.

L'attraction énergétique

Vous rencontrez quelqu'un pour la première fois et ressentez une énergie irrésistible qui vous pousse à en savoir plus sur cette personne.

Signification : cela peut indiquer une affinité naturelle ou une connexion d'âme. Vous êtes peut-être destinés à échanger ou à apprendre quelque chose l'un de l'autre.

> **ASTUCE** Suivez votre instinct, mais restez attentif aux intentions derrière cette connexion pour éviter toute idéalisation.

La sensation de lourdeur dans une pièce

Vous entrez dans une réunion, et avant même que quelqu'un parle, vous ressentez une pression dans la poitrine ou un poids dans les épaules.

Signification : l'énergie ambiante est chargée, souvent due à des conflits non exprimés ou à une tension collective.

> **ASTUCE** Prenez une grande respiration, imaginez une lumière blanche remplir la pièce et essayez de garder une posture ouverte pour ne pas absorber cette lourdeur.

L'impression que l'air est lourd comme avant un orage

Lors d'un événement ou d'une discussion ,vous ressentez une énergie lourde presque palpable ,comme si l'air était chargé d'électricité.

Signification : cela arrive souvent dans des moments de grande excitation collective ou lorsque des vérités importantes émergent.

> **ASTUCE** Soyez attentif à ce qui se dit ou se fait dans ces instants. Les idées surgies ou les décisions prises ici peuvent avoir un impact significatif.

Une sensation de « lumière » en présence de quelqu'un

Vous passez du temps avec une personne, et vous ressentez une légèreté, comme si tout devenait plus simple et clair.

Signification : cette personne a une énergie harmonieuse qui résonne positivement avec la vôtre. Elle peut être une source d'inspiration ou de soutien.

> **ASTUCE** Entourez-vous de ces personnes qui vous élèvent. Leur présence peut amplifier votre propre intuition.

En cas d'énergie lourde, respirez profondément et recentrez-vous pour ne pas vous laisser affecter. Visualisez comme une bulle lumineuse autour de vous qui vous protège.

Les ressentis émotionnels

Certaines émotions spontanées comme la joie, l'agacement ou la tristesse surgissent sans raison apparente. Ces ressentis se traduisent par une capacité à capter les émotions des autres, souvent sans qu'ils aient besoin de dire un mot. Vous ressentez la tristesse, la joie ou la colère d'une personne comme si c'était la vôtre. Ce type d'intuition est courant chez les personnes empathiques. Par exemple, dans une conversation, vous pouvez percevoir qu'une personne semble inquiète ou contrariée, même si elle sourit ou dit le contraire. Cela vous donne l'opportunité de mieux comprendre ses besoins et d'adapter votre comportement.

Attention : les ressentis émotionnels peuvent devenir envahissants si vous les absorbez trop. Il est important de distinguer ce qui vous appartient de ce qui vient de l'autre.

Une vague de tristesse en présence de quelqu'un

Vous vous asseyez à côté d'un collègue qui semble aller bien, mais une lourdeur s'installe en vous comme si le blues venait vous rendre visite.

Signification : cette personne pourrait traverser un moment difficile qu'elle masque par politesse ou par habitude. Vous captez son état émotionnel sous-jacent.

> **ASTUCE** Respirez profondément et rappelez-vous que cette tristesse ne vous appartient pas. Si la relation s'y prête, offrez un espace d'écoute bienveillant : « Tu vas bien ? Je ressens une petite tension, si tu veux en parler je suis là. »

Une joie soudaine sans raison

Vous passez près d'un inconnu dans la rue et ,sans raison ,un sourire illumine votre visage.

Signification : vous captez peut-être l'énergie positive de cette personne ou d'un moment heureux qu'elle vient de vivre.

> **ASTUCE** Savourez cette petite bulle de bonheur et laissez-la éclairer votre journée. Vous venez de recevoir un cadeau énergétique gratuit !

Un agacement spontané dans une réunion

Tout est calme, mais une irritation monte en vous dès que votre collègue prend la parole, alors qu'il n'a rien dit de vexant.

Signification : vous captez peut-être une tension ou une frustration qu'il ressent lui-même, ou que d'autres personnes dans la salle projettent sur lui.

> **ASTUCE** Identifiez si cet agacement vous appartient ou s'il est capté. Prenez un moment pour relâcher cette émotion avec une respiration lente et en visualisant que vous la laissez sortir.

Un sentiment d'inquiétude alors que tout semble parfait

Vous êtes chez un ami qui sourit et semble heureux, mais une petite alerte intérieure vous dit : *Il y a un souci.*

Signification : vous percevez une tension ou une préoccupation qu'il cache pour ne pas vous inquiéter.

> **ASTUCE** Posez une question ouverte et bienveillante : « Tu veux parler de quelque chose ? Je ressens une petite hésitation chez toi. »

Une colère qui monte

Vous étiez détendu, mais à peine entré dans une salle d'attente ou un magasin bondé, vous ressentez une tension explosive.

Signification : vous captez la frustration collective des personnes autour de vous, agacées par l'attente ou un service lent.

> **ASTUCE** Prenez trois grandes respirations pour ne pas absorber cette énergie. Imaginez que cette colère glisse sur vous comme l'eau sur une vitre.

Une envie irrépressible de rire dans une situation sérieuse

Lors d'une réunion ou d'un moment tendu, vous ressentez une hilarité soudaine sans raison.

Signification : votre intuition capte peut-être un non-dit absurde ou une tension que vous exprimez par le rire.

> **ASTUCE** Il vaut mieux rire que de tout garder, cela peut même détendre l'atmosphère !

Les évidences

Ce sont ces moments où « ça sonne juste » sans explication rationnelle.

Ces ressentis se manifestent sous forme de pensées, d'idées ou d'intuitions soudaines qui surgissent sans explication rationnelle. Vous « savez » quelque chose sans comprendre pourquoi. Cela peut être une impression que quelqu'un ne dit pas tout ou, au contraire, une certitude qu'une personne est sincère et digne de confiance. Ces intuitions sont rapides, claires et souvent justes, à condition de ne pas les étouffer par des doutes ou des analyses excessives.

> **CONSEIL** Notez vos intuitions dès qu'elles apparaissent. Vous serez souvent surpris de leur pertinence a posteriori.

Vous savez qu'il faut appeler quelqu'un, là, tout de suite

En pleine journée, l'image d'un ami surgit dans votre esprit et une petite voix vous dit : *Appelle-le maintenant*.

Signification : une connexion intuitive avec cette personne. Peut-être traverse-t-elle un moment difficile ou a-t-elle quelque chose d'important à vous dire.

> **ASTUCE** Ne tergiversez pas, appelez. Vous serez souvent surpris de la synchronicité de cet élan.

Vous sentez que quelqu'un ne dit pas tout

Une personne vous affirme que tout va bien, mais quelque chose dans son ton ou son regard vous fait penser que ce n'est pas tout à fait vrai.

Signification : votre intuition détecte une dissonance entre ses mots et son énergie ou son langage corporel.

> **ASTUCE** Approchez doucement le sujet avec une question ouverte : « Tu es sûr que tout va bien ? Je ressens comme une petite hésitation. »

Vous savez instantanément qu'une relation est juste

Vous croisez quelqu'un pour la première fois et ressentez immédiatement un lien fort, comme si vous vous connaissiez depuis toujours.

Signification : votre intuition capte une affinité profonde ou une connexion d'âme avec cette personne.

> **ASTUCE** Explorez cette relation, mais restez attentif aux signes pour éviter les projections idéalisées.

Vous savez que tout ira bien malgré les apparences

Une situation semble chaotique ou risquée, mais une certitude intérieure vous apaise : ça va s'arranger.

Signification : votre intuition capte des forces invisibles qui se mettent en place pour vous soutenir.

> **ASTUCE** Laissez-vous porter par cette confiance. Elle peut être un moteur puissant pour traverser des moments difficiles.

Les ressentis sensoriels

Votre intuition relationnelle peut s'exprimer par des perceptions sensorielles inhabituelles : une vision plus claire, des sons perçus différemment, ou même des sensations olfactives ou tactiles, une odeur qui semble étrange, une musique intérieure ou bien des images qui surgissent dans votre esprit en présence d'une personne ou dans une situation particulière. Par exemple, en parlant à quelqu'un, une image de rivière pourrait apparaître dans votre esprit, symbolisant peut-être que cette personne traverse une période de transition ou d'adaptation.

CONSEIL Prenez ces ressentis comme des symboles ou des métaphores, et explorez ce qu'ils signifient pour vous.

Une odeur soudaine et inhabituelle

En discutant avec quelqu'un, vous percevez une odeur particulière, sans aucune raison apparente.

Signification : l'odeur pourrait symboliser l'état émotionnel ou énergétique de cette personne. Le bois brûlé, par exemple, peut évoquer des épreuves ou une transformation, tandis que les fleurs symbolisent souvent un renouveau ou un apaisement.

ASTUCE Prenez un moment pour identifier ce que cette odeur évoque pour vous et explorez si cela correspond à l'énergie ou au contexte de la conversation.

Une image mentale spontanée

Pendant que quelqu'un parle de ses projets, vous visualisez une image.

Signification : cette image peut représenter un défi ou un obstacle que la personne perçoit dans sa vie. Par exemple, si vous voyez une montagne, cela peut signifier une ascension qu'elle est vit actuellement.

ASTUCE Posez des questions ouvertes comme : « Cela ressemble-t-il à un gros projet pour toi, quelque chose qui te demande beaucoup d'efforts ? »

Une musique intérieure

En entrant dans une pièce ou en discutant avec quelqu'un, une chanson spécifique surgit dans votre esprit.

Signification : la chanson pourrait être un message symbolique, lié à ses paroles ou à l'émotion qu'elle évoque.

ASTUCE Notez la chanson et réfléchissez à sa signification. Par exemple, une chanson joyeuse peut indiquer une énergie positive, tandis qu'une mélodie mélancolique peut refléter une tension ou une tristesse.

Exercice

Prendre du recul

Si vos ressentis immédiats sont précieux, il est tout aussi important de savoir prendre du recul pour mieux les intégrer. Parfois, nos émotions ou nos pensées peuvent brouiller les signaux intuitifs. En prenant un moment pour respirer, réfléchir et observer la situation dans son ensemble, vous donnez à votre intuition l'espace nécessaire pour se clarifier.

Prenez l'habitude de vous poser ces questions lorsque vous ressentez une émotion ou une intuition forte :

▷ Est-ce que cette impression est influencée par mes peurs ou mes attentes ?

▷ Est-ce que ce que je ressens semble aligné avec la situation réelle ?

▷ Qu'est-ce que cette intuition essaie de me dire ?

Le recul ne signifie pas ignorer votre intuition mais lui donner une chance de se confirmer ou de se préciser. C'est une façon de combiner ressenti immédiat et analyse posée pour des décisions plus éclairées.

Comment faire confiance à son intuition ?

Fortifier son énergie par la compréhension et l'accueil

Plutôt que de nous protéger en érigeant des murs, l'enjeu est de nous fortifier. Comment ? En comprenant et en accueillant nos ressentis.

La clé pour renforcer notre énergie et accéder à une intuition fluide est de différencier ce qui nous appartient de ce qui vient de l'extérieur. C'est un peu comme trier son sac après une journée bien remplie : on y trouve des objets utiles, mais aussi des choses qu'on a ramassées sans s'en rendre compte. Ce tri émotionnel et énergétique nous permet de nous libérer de ce qui nous encombre et de laisser l'intuition s'exprimer avec clarté. Notre corps et nos émotions sont comme une antenne, toujours prête à capter les vibrations autour de nous. Mais si cette antenne est saturée ou mal réglée, les signaux intuitifs se brouillent. La première étape pour y remédier, c'est de prendre conscience de ce que l'on ressent. Posez-vous cette question : *Est-ce que cette émotion ou cette sensation vient de moi ? Ou est-ce quelque chose que j'ai capté chez quelqu'un d'autre ?*

Cette simple prise de conscience change tout. Elle vous permet de ne plus vous laisser submerger par des émotions qui ne vous appartiennent pas et de garder votre énergie intacte.

Trop souvent, nous avons peur de nos émotions. Lorsqu'une sensation inconfortable apparaît, notre réflexe est souvent de la bloquer, de l'ignorer ou, pire, de la fuir. Mais en réalité, une émotion n'est qu'un messager. Elle n'est pas là pour nous envahir, mais pour nous informer.

Accueillir une émotion, c'est lui dire : *OK, je t'entends. Je te laisse me traverser, mais tu ne prends pas le contrôle.* Quand nous apprenons à observer nos ressentis sans jugement, ces derniers perdent de leur intensité. Et paradoxalement, en les laissant passer, ils nous libèrent au lieu de nous retenir.

Transformer sa peur des ressentis en une source intuitive

L'hypersensible ou l'empathique intuitif, souvent piégé dans ses peurs, possède en réalité un véritable don. Ce que d'autres pourraient envier, c'est cette capacité à ressentir les choses avec une profondeur et une acuité que peu atteignent. Mais ce don, pour devenir une force, requiert une maîtrise. Il ne s'agit pas de fuir ses ressentis, mais de les apprivoiser, de les comprendre et de savoir les canaliser.

Imaginez cela comme un art martial. Prenons le judo, par exemple : l'une des premières choses que l'on apprend, c'est à tomber sans se blesser. Apprendre à tomber permet d'aborder chaque combat avec plus de confiance, sans crainte de la douleur. Pour un hypersensible, le processus est similaire. Il s'agit d'apprendre à percevoir sans se laisser submerger, à faire le tri entre ce qui est utile et ce qui ne l'est pas, et à transformer ses ressentis en alliés plutôt qu'en ennemis.

La peur, bien qu'elle soit une émotion naturelle, est aussi un signal de vigilance. Lorsque l'on sait la maîtriser, elle devient un indicateur précieux pour affiner son intuition, un guide pour nous orienter dans nos choix et nos relations. En maîtrisant ses ressentis comme un judoka maîtrise l'art de la chute, l'hypersensible ne subit plus ses émotions. Il sait qu'il peut traverser des situations émotionnellement chargées sans en sortir brisé, mais plutôt renforcé.

Avoir de la gratitude pour ses ressentis

Au lieu de voir cette sensibilité comme une malédiction, il est essentiel d'y trouver de la gratitude. Combien rêveraient d'avoir cette connexion intuitive avec leur environnement, cette capacité à sentir les choses avant même qu'elles arrivent ? Plutôt que de redouter ces ressentis, prenez un moment pour réaliser à quel point vous avez de la chance. Cette hypersensibilité est un véritable cadeau, une porte ouverte sur une perception plus fine et plus profonde de la vie. Il suffit d'apprendre à la maîtriser pour qu'elle ne vous bouscule plus mais vous guide.

Se protéger sans se couper de l'intuition

Pour surmonter cette peur, il est important de comprendre que les ressentis ne sont pas là pour nous submerger mais pour nous informer. Plutôt que de bloquer ou de fuir les émotions, il s'agit de les accueillir sans qu'elles nous envahissent. L'intuition, pour être fluide et claire, demande un état de réceptivité, mais sans surcharge émotionnelle.

Exercice

Accueillir les émotions sans les fuir

La prochaine fois que vous ressentez une peur ou un malaise intense, plutôt que de bloquer cette émotion, essayez de l'accueillir.

Fermez les yeux et respirez profondément.

Dites-vous intérieurement ou à voix haute : « Je reconnais cette émotion. Je ne vais pas la fuir. Je l'accueille telle qu'elle est. »

Restez quelques instants avec cette émotion, sans la juger. Observez comment elle évolue simplement en l'accueillant.

Souvent, reconnaître et accepter l'émotion l'amène à se dissoudre naturellement, vous permettant ainsi de reprendre le contrôle de vos ressentis.

L'intuition demande du renforcement

L'intuition est un muscle qui se travaille, et la façon d'y parvenir aussi. En effet, il est important de ne pas toujours être dans le contrôle et de laisser faire l'univers, mais il y a une seule chose à faire comme tout sportif, c'est s'entraîner en travaillant sur soi. Ayez le courage de dépasser vos limites, d'aller vous connaître encore un peu plus.

Si vous attendez que l'intuition se développe, en ronchonnant que vous n'êtes pas intuitif et que vous ne ressentez rien, il ne va pas se passer grand-chose. C'est comme être devant un appareil de musculation et le regarder en pestant de ne pas avoir de muscles. Alors il est temps de passer au travail, de se poser les bonnes questions et d'agir.

Avez-vous travaillé sur vous (voir p. 46)? Avez-vous cherché pourquoi vous vous sentez bloqué (voir p. 53)? Peut-être que cela vient de votre éducation ou de vos ancêtres ou de croyances collectives. Tout s'explique. Et tout se dépasse. Encore faut-il avoir l'envie et le courage de le faire.

Un jour, si tout est mis en place, ça fera tilt, une étape sera dépassée, un verrou aura sauté et vous pourrez continuer votre chemin, car développer son intuition est un travail permanent.

Je vis encore plein de tilts aujourd'hui. Parce que je me sens évoluer à certaines périodes, mes perceptions deviennent encore plus subtiles, plus évidentes. Ce muscle intuitif que je croyais déjà fort est encore plus fort, et je sais maintenant qu'il va continuer à grandir.

Arrêtez d'inhiber votre intuition, reprenez tout le cheminement de ce livre et, un jour, ça fera tilt chez vous aussi.

Exercice

Renforcer son intuition comme un muscle

Cet exercice est conçu pour vous aider à comprendre que l'intuition fonctionne comme un muscle : plus vous l'entraînez, plus elle se renforce. À travers des pratiques quotidiennes, vous allez progressivement développer une meilleure connexion à votre intuition et apprendre à lui faire confiance de manière plus régulière et naturelle.

Étape 1. La préparation : prenez l'engagement de « muscler » votre intuition.

Avant de commencer, prenez l'engagement d'entraîner votre intuition comme vous le feriez pour un muscle. Engagez-vous à pratiquer chaque jour les exercices proposés, pendant une semaine. Fixez-vous des petits objectifs, comme vous le feriez pour une routine de fitness.

Écrire l'engagement : « Je m'engage à renforcer mon intuition chaque jour pendant la prochaine semaine, comme un muscle à la salle de sport. Je suis prêt(e) à l'écouter et à la suivre. »

Étape 2. Exercice d'échauffement, le *warm-up* : l'écoute intuitive quotidienne.

Chaque jour, prenez 5 minutes pour pratiquer un exercice simple qui vous aidera à vous connecter à votre intuition. Cet échauffement quotidien renforcera votre sensibilité intuitive. Le matin, posez une ou deux questions simples à votre intuition :

▷ Comment dois-je aborder ma journée aujourd'hui ?

- ▷ Quel est l'aspect le plus important sur lequel je devrais me concentrer ?

Écoutez la première réponse qui vous arrive : laissez les pensées, les sensations ou les images venir sans essayer de les analyser. Acceptez-les comme elles se présentent.

Notez vos impressions : prenez quelques minutes pour écrire ce que vous avez ressenti ou perçu. Cela peut être une sensation physique, un mot, une image ou même une émotion.

Étape 3. Exercice de renforcement : petits défis intuitifs.

Pour « muscler » votre intuition, vous allez vous lancer des défis quotidiens qui vous encourageront à suivre vos intuitions sur des petites décisions. L'idée est de renforcer ce réflexe, comme vous renforcez un muscle avec des répétitions.

Chaque jour, prenez une petite décision fondée uniquement sur votre intuition.

Par exemple :

- ▷ Décider quels livres ou articles lire en vous fiant à ce que vous ressentez.
- ▷ Appeler ou envoyer un message à une personne qui vous vient spontanément à l'esprit.

Faites-le sans suranalyser : ne vous posez pas trop de questions. Laissez votre intuition guider ces petites décisions.

Étape 4. Exercice d'étirement : prenez de la distance avec le mental.

Comme pour tout entraînement, il est important de s'étirer pour éviter les tensions. Cet exercice d'étirement consiste à calmer votre mental pour laisser plus de place à votre intuition.

Pratiquez 5 minutes chaque jour pour calmer le mental.

Installez-vous dans un endroit calme et concentrez-vous sur votre respiration. Laissez vos pensées s'apaiser.

Lorsque des pensées surgissent, laissez-les passer et revenez à votre respiration. Ensuite, commencez ce petit dialogue intérieur avec le mental, félicitez-le s'il vous a laissé tranquille ou dites-lui comment améliorer les choses.

Demandez à votre intuition une guidance simple après la méditation : De quoi ai-je besoin aujourd'hui ? ou Quelle petite action puis-je entreprendre pour m'épanouir ?

Étape 5. Évaluez les progrès : mesurez vos muscles.

À la fin de la semaine, prenez un moment pour évaluer comment votre intuition s'est développée. Ce suivi vous permet de mesurer vos progrès, comme on évalue ses performances après une série d'entraînements.

Réfléchissez aux décisions prises selon votre intuition dans la semaine. Avez-vous observé des résultats positifs ou des moments où les choses ont semblé « couler de source » après avoir suivi votre intuition ?

Identifiez vos domaines de progrès. Y a-t-il un secteur (travail, relations, bien-être) où vous avez particulièrement bien réussi à écouter votre intuition ?

Fixez-vous un objectif pour renforcer encore votre intuition. Quel petit défi supplémentaire pouvez-vous vous lancer pour continuer à muscler votre intuition la semaine prochaine ?

Gérer la surcharge émotionnelle chez les empathiques et les hypersensibles

Les hypersensibles et les empathiques partagent une richesse intérieure exceptionnelle, chacun à leur manière et, ensemble, ils forment une alliance précieuse pour développer l'intuition relationnelle. Leur complémentarité réside dans cette capacité commune à ressentir, à capter les subtilités du monde émotionnel et énergétique, tout en s'enrichissant mutuellement dans leurs différences.

Les hypersensibles, souvent perçus comme fragiles ou débordés, possèdent une sensibilité accrue aux stimuli extérieurs. Leur perception est si fine qu'elle leur permet de détecter des signaux subtils que d'autres ignorent : des vibrations dans l'air, des variations dans le ton de voix ou encore des énergies fluctuantes. Cette aptitude fait d'eux des boussoles émotionnelles, capables de comprendre instinctivement les environnements dans lesquels ils évoluent. Cependant, cette sensibilité peut parfois devenir un fardeau, les submergeant sous le poids des ressentis non filtrés.

Les empathiques, de leur côté, brillent par leur capacité à se connecter profondément aux émotions des autres. Leur empathie les pousse à ressentir ce que vit autrui, souvent avec une clarté impressionnante. Ils ne se contentent pas de percevoir leur environnement ; ils s'y plongent ,s'alignant spontanément avec les besoins émotionnels des personnes qu'ils croisent .Mais cette immersion peut aussi les épuiser s'ils ne savent pas poser de limites.

Lorsqu'un hypersensible et un empathique (et parfois les deux dans une même personne !) apprennent à travailler ensemble, ils découvrent un équilibre étonnant :

- L'hypersensibilité apporte une finesse de perception globale. Cette capacité à capter l'énergie ambiante et les nuances subtiles crée une base solide pour lire les dynamiques d'un environnement ou d'une relation.
- L'empathie enrichit cette lecture par une connexion profonde avec l'autre. Elle permet d'ajouter à cette perception générale une compréhension intime des besoins et des émotions de ceux qui nous entourent.

Ensemble, ces deux qualités permettent de naviguer avec justesse dans les relations, en associant une grande sensibilité aux ambiances et une capacité à ressentir ce que l'autre traverse. Ce duo hypersensibilité-empathie devient un véritable atout lorsqu'il s'agit d'intuition relationnelle : comprendre sans effort, capter les non-dits et ajuster son comportement pour créer des échanges fluides et authentiques.

Test

Êtes-vous hypersensible, empathique ou les deux ?

Ce test vous permettra de découvrir si vous êtes plutôt hypersensible, empathique, une belle combinaison des deux ou plutôt neutre dans vos ressentis. Répondez aux questions en choisissant la réponse qui vous correspond le mieux.

1. Dans une foule ou un lieu bondé, comment vous sentez-vous ?

A. Débordé par les bruits, les lumières et l'agitation générale.

B. Fatigué par les émotions et les énergies des autres.

C. Un mélange des deux : c'est à la fois physiquement et émotionnellement intense.

D. Rien de tout ça, je me sens à l'aise.

2. Lorsqu'un ami vous raconte une situation difficile, que ressentez-vous ?

A. Cela me touche profondément, mais je ne ressens pas forcément ce qu'il vit.

B. J'ai l'impression de ressentir exactement ce qu'il traverse, comme si c'était moi.

C. Les deux : je suis touché émotionnellement et je ressens aussi sa douleur.

D. J'écoute, mais cela ne m'affecte pas beaucoup.

3. Comment réagissez-vous face à un bruit ou à une lumière trop forte ?

A. Cela m'irrite ou me fatigue rapidement, je ressens tout intensément.

B. Cela ne me dérange pas beaucoup, sauf si les autres autour de moi sont dérangés.

C. Cela m'affecte un peu, mais ce sont surtout les émotions ambiantes qui me fatiguent.

D. Cela ne m'affecte pas du tout.

4. Vous arrive-t-il de capter l'humeur des autres sans qu'ils disent un mot ?

A. Pas vraiment, je suis plus concentré sur mes propres ressentis.

B. Tout le temps, c'est comme si leur humeur « s'invitait » en moi.

C. Oui, et cela m'affecte souvent profondément.

D. Rarement, je ne prête pas trop attention à cela.

5. Quand vous êtes seul, ressentez-vous encore les énergies ou émotions des autres ?

A. Non, je suis plutôt centré sur mes propres perceptions.

B. Oui, il me faut un moment pour « me déconnecter » des autres.

C. Oui, et en plus, je ressens encore intensément ce que j'ai vécu dans la journée.

D. Non, je suis généralement calme et apaisé.

6. Face à un film triste ou émouvant, comment réagissez-vous ?

A. Je pleure ou suis submergé par l'histoire.

B. Je ressens profondément les émotions des personnages, comme si c'était moi.

C. Je pleure et je ressens tout comme si j'étais dans le film.

D. Je trouve cela triste, mais sans être submergé.

7. Dans une situation tendue, comment réagissez-vous ?

A. Je ressens une tension physique ou une agitation intérieure.

B. Je ressens la colère, la tristesse ou la peur des autres comme si elles m'appartenaient.

C. Je ressens tout : ma propre tension et celle des autres.

D. Je reste relativement neutre et observe.

8. Après une journée chargée en interaction, vous vous sentez...

A. Vidé à cause de tous les stimuli que j'ai reçus (sons, agitations, etc.).

B. Vidé à cause des émotions que j'ai absorbées des autres.

C. Complètement épuisé, à cause d'un mélange de tout.

D. Plutôt bien, cela ne m'a pas affecté plus que ça.

9. Vous avez l'impression que votre sensibilité est...

A. Surtout liée à des ressentis internes (physiques ou émotionnels).

B. Surtout tournée vers les autres (leurs émotions, leurs besoins).

C. Les deux : je ressens intensément en moi et en lien avec les autres.

D. Pas particulièrement marquée.

Résultats

Additionnez vos réponses et découvrez votre profil.

Majorité de A : hypersensible

Votre sensibilité est principalement centrée sur vos ressentis internes et vos perceptions du monde extérieur. Les sons, les lumières et les vibrations ont un impact fort sur vous. Vous captez les subtilités de votre environnement avec une grande acuité.

Majorité de B : empathique

Vous êtes particulièrement tourné vers les autres. Vous ressentez leurs émotions, leurs énergies et parfois même leurs douleurs, comme si elles étaient les vôtres. Cette capacité fait de vous une personne profondément connectée aux autres.

Majorité de C : hypersensible et empathique

Vous cumulez les deux forces, ce qui vous permet d'être à la fois connecté à vos ressentis et à ceux des autres. Cette double sensibilité peut être un atout incroyable pour comprendre les dynamiques relationnelles, mais elle demande une bonne maîtrise pour éviter l'épuisement.

Majorité de D : ni hypersensible ni empathique

Vous êtes plus neutre dans vos ressentis et vos relations. Cela ne signifie pas que vous manquez de sensibilité, mais elle est moins marquée que chez les hypersensibles ou les empathiques, ou peut-être que vous vous protégez de vos émotions.

Transformer la surcharge de ressentis en force intuitive

Cependant, cette alliance requiert un travail d'équilibre. L'hypersensible peut être débordé par des ressentis trop intenses, tandis que l'empathique risque de s'épuiser à force de s'immerger dans les émotions des autres. La clé pour que ces deux forces se complètent harmonieusement est de :

1. Apprendre à filtrer les informations reçues. Ce que l'on capte, que cela provienne de soi ou des autres, n'est pas toujours pertinent ou nécessaire.

2. Poser des limites claires. Être sensible ou empathique ne signifie pas absorber tout ce qui se passe autour de soi.

3. Cultiver la conscience de soi. Plus on se connaît, plus on sait ce qui vient de soi et ce qui appartient à l'autre.

Lorsqu'elles sont alignées, l'hypersensibilité et l'empathie deviennent une source inépuisable d'intuition. Ensemble, elles permettent de ressentir profondément, tout en gardant une juste distance pour ne pas perdre pied.

L'empathie, tout comme l'hypersensibilité, est une capacité qui ouvre des portes vers des connexions profondes. Mais attention, elle fonctionne différemment. Là où l'hypersensibilité amplifie les ressentis liés à soi-même et aux stimuli extérieurs, l'empathie, elle, se concentre sur l'autre. C'est un véritable radar émotionnel tourné vers l'extérieur. En d'autres termes, l'hypersensibilité est liée à comment je ressens les choses, tandis que l'empathie concerne comment je ressens ce que l'autre vit.

En développant une maîtrise de leur sensibilité, hypersensibles et empathiques apprennent à vivre avec leur intuition au lieu de la subir. Ils transforment ce qui était perçu comme une faiblesse en une véritable force, capable de décoder les relations avec finesse et justesse.

L'hypersensibilité leur permet de capter les signaux subtils de l'environnement, tandis que l'empathie les aide à entrer en connexion profonde avec l'autre. Ensemble, elles créent un équilibre parfait pour développer l'intuition relationnelle : une capacité à comprendre les dynamiques d'une relation, à anticiper les besoins de l'autre et à réagir avec authenticité.

Lorsque cette complémentarité est pleinement intégrée, elle ouvre les portes à des relations plus harmonieuses, où la sensibilité et l'intuition deviennent des forces au service de l'épanouissement personnel et collectif. Un duo sensible et puissant, à cultiver avec bienveillance.

Comprendre la source des ressentis : ne pas tout absorber

L'une des clés pour surmonter cette peur est de comprendre la source des ressentis. Les hypersensibles et les empathiques ont tendance à absorber les émotions et les énergies des autres comme si elles leur appartenaient. Lorsqu'une montée d'angoisse survient, ils croient souvent que c'est leur propre peur ou malaise, alors qu'en réalité ce sont des énergies captées de l'extérieur.

Reconnaître que ce ressenti ne m'appartient pas

Le premier pas pour surmonter cette surcharge émotionnelle est de distinguer ce qui vous appartient de ce qui appartient aux autres. Chaque fois que vous ressentez une crise d'angoisse ou une montée de stress, posez-vous cette question : *Est-ce que ce que je ressens vient vraiment de moi, ou est-ce que j'ai absorbé l'énergie ou l'émotion de quelqu'un d'autre ?* Très souvent, vous réaliserez que cette angoisse ne vous appartient pas, mais est une réaction à l'énergie ou aux émotions environnantes. Dans ce cas, visualisez cette sensation comme une forme ou une couleur ou un objet que vous laissez partir de vous. Vous pouvez aussi visualiser que vous renvoyez tout cela dans la lumière.

Exercice pratique

Différencier ses propres émotions de celles des autres

Prenez l'habitude, lors d'émotions intenses, de pratiquer cet exercice.

Fermez les yeux et respirez profondément.

Demandez-vous : *Comment me sentais-je avant que cette émotion apparaisse ?*

Essayez de vous rappeler ce qui a déclenché ce ressenti. Est-ce une interaction avec une personne ? Un environnement particulier ?

Imaginez que cette émotion ne vous appartient pas et visualisez-vous la renvoyer doucement à sa source.

Cet exercice permet de prendre du recul et de reconnaître quand vous absorbez des émotions extérieures, afin de ne plus en être envahi.

EXEMPLE D'APPLICATION RÉUSSIE

Claire, une infirmière en milieu hospitalier, hypersensible, ressentait toujours un poids émotionnel intense après ses journées de travail. Chaque patient qu'elle soignait semblait lui transmettre ses peurs, ses douleurs et ses angoisses. Elle rentrait chez elle épuisée, incapable de se détacher de ces émotions qui ne lui appartenaient pas. En appliquant l'exercice de différenciation, Claire a appris à identifier ses propres émotions et à reconnaître celles qu'elle absorbait des autres. Grâce à cette pratique, Claire a retrouvé un équilibre émotionnel. Elle est restée la soignante attentive qu'elle a toujours été, mais sans sacrifier son énergie ni sa sérénité.

Bouger pour libérer l'intuition : le mouvement, c'est la vie

L'intuition passe par les ressentis physiques du corps, mais comment faire si vous avez l'impression que votre corps est complètement bloqué, que vous ne ressentez rien du tout ? Eh bien, bougez votre *body* ! Sérieusement, si vous vous sentez comme un bloc de marbre, l'une des meilleures choses à faire, c'est de bouger. Quand je dis « bouger », je ne parle pas juste de se lever pour aller chercher un café (même si c'est un bon début), je parle de vraiment faire circuler l'énergie dans votre corps. En kundalini yoga, par exemple, on lève les bras en l'air, on bouge comme si on voulait attraper les étoiles, et tout ça, ce n'est pas juste pour le fun (même si c'est plutôt sympa). En fait, ça stimule les glandes du système lymphatique, ça réveille notre énergie, et ça commence à décrasser les canaux d'énergie, qui, avouons-le, peuvent parfois être un peu encrassés.

Imaginez vos canaux intuitifs comme les conduits d'une cheminée. Avec le temps, ils peuvent se boucher avec toutes les croyances limitantes, les peurs et le stress qu'on accumule. Bouger, c'est un peu comme gratter la suie qui s'est déposée là-dedans. Plus vous bougez, plus vous faites circuler l'énergie, et plus ces conduits se nettoient, laissant passer cette belle intuition qui sommeille en vous. Alors, si vous vous sentez bloqué ou que vous avez l'impression de ne rien ressentir, levez-vous, secouez les bras en l'air, dansez, faites un peu de yoga ou, même, marchez. Faire bouger son corps permettra à votre énergie de monter en flèche. Un corps en mouvement est un corps en bonne santé, avec des canaux énergétiques bien ouverts et prêts à capter tous les signaux intuitifs. Alors, allez-y, remuez-vous et laissez la magie opérer !

Exercice

Libérer l'intuition corporelle : la méthode de libération du corps

Si vous souhaitez vraiment libérer votre intuition et permettre à votre corps d'exprimer ce qu'il ressent, la méthode du laisser-aller du corps, connue sous le nom de Reiki Undo, est idéale. Cette technique consiste à laisser votre corps bouger librement, sans que votre mental intervienne, créant ainsi une danse spontanée guidée par une intention précise.

Voici comment pratiquer :

1. Installez-vous confortablement sur le sol, à genoux. Cette posture permet à votre corps de rester stable tout en étant prêt à bouger librement.

2. Respirez profondément : fermez les yeux et prenez quelques grandes inspirations. Cela vous aidera à vous recentrer, à vous connecter à votre corps et à apaiser votre esprit.

3. Posez votre intention : une fois calme, pensez à une intention spécifique. Par exemple, vous pouvez choisir de vous concentrer sur « libérer les canaux intuitifs des peurs et croyances limitantes ». Cette intention guidera votre corps et votre énergie durant l'exercice.

4. Laissez le corps se mettre en mouvement. Dites à voix haute ou dans votre tête : « Je suis prêt, commence. » Puis, laissez votre corps faire ce qu'il veut. Ne réfléchissez pas, ne forcez pas les mouvements. Votre corps sait ce qu'il doit faire. Peut-être qu'il va simplement s'incliner d'un côté ou que seul le haut se balancera doucement. Laissez venir ces mouvements sans jugement ni intervention.

5. Bougez de façon instinctive et intuitive : une fois que votre corps a commencé à bouger, continuez de le laisser faire. Si vous ressentez l'envie de vous pencher en avant, de tourner la tête, de lever les bras, faites-le. Il n'y a pas de bonne ou de mauvaise manière de bouger. L'important, c'est de suivre les impulsions de son corps. Chaque geste, chaque mouvement est guidé par votre intuition, libérant ainsi les énergies bloquées et ouvrant vos canaux intuitifs.

En pratiquant régulièrement cette méthode, vous apprendrez à mieux écouter votre corps et à libérer les tensions qui peuvent entraver la circulation de l'énergie. C'est un excellent moyen de vous reconnecter à vous-même, de faire circuler l'énergie de manière fluide et d'ouvrir vos canaux intuitifs.

Pratiquer l'intuition relationnelle

Les cinq clés d'une intuition relationnelle fiable

Nous voilà à la fin de ce voyage au cœur de l'intuition relationnelle, un trésor que vous possédez déjà même si vous ne le soupçonniez pas pleinement. Tout au long de ce livre, nous avons exploré ce superpouvoir, parfois discret, souvent mal compris, mais toujours présent, prêt à être cultivé.

Pour transformer votre intuition en un guide fiable, voici les cinq clés essentielles à retenir. En les intégrant dans votre quotidien, vous apprendrez à mieux comprendre vos ressentis, à leur faire confiance et à enrichir vos relations grâce à cette boussole intérieure.

Clé n° 1 : apaiser le mental

Votre mental, ce fidèle compagnon parfois un peu trop envahissant, adore prendre toute la lumière. À force de s'agiter, il peut même couvrir les doux murmures de votre intuition, qui n'ose plus se faire entendre. Alors, que faire ? Le calmer, bien sûr, mais pas en le rejetant. L'idée, c'est de lui offrir un rôle clair, précis, pour qu'il sache où se placer sans déranger. Parlez-lui (oui, oui, parlez à votre mental !). Expliquez-lui ce que vous attendez de lui, ce que vous aimez qu'il fasse. Dites-lui qu'il excelle dans son rôle d'analyste quand c'est nécessaire, mais qu'il peut aussi se poser et observer tranquillement à d'autres instants. Valorisez-le, rassurez-le : il n'est pas mis de côté, simplement invité à intervenir au bon moment.

Clé n° 2 : définir un objectif pour développer l'intuition

Pour que votre mental accepte de faire un peu de place à votre intuition, il doit comprendre pourquoi c'est important pour vous. Et comme tout bon collaborateur, il a besoin de saisir l'enjeu pour coopérer. Il va donc être important de définir pourquoi vous souhaitez développer votre intuition, c'est-à-dire définir une intention claire. Et ce n'est pas juste une intention vague comme *Je veux être plus intuitif*. C'est donner un vrai sens à votre démarche, une raison qui résonne vraiment en vous. Par exemple, vous pourriez vouloir développer votre intuition pour renforcer vos relations, éviter des conflits inutiles ou encore mieux comprendre ce que ressentent les autres.

Quand votre mental voit à quel point cet objectif est important pour vous, il devient plus enclin à coopérer. Il comprend qu'il ne perd pas sa place, mais qu'il joue un rôle crucial en orientant votre attention vers ce qui compte vraiment. Résultat : vous aurez un mental qui travaille avec vous, et non contre vous, et qui laissera de la place à l'intuition.

EXEMPLE

Je veux développer mon intuition relationnelle parce que j'en ai assez de tomber dans le piège des personnes toxiques. Trop souvent, je ressens des signaux d'alerte, mais je ne les écoute pas, et je finis par regretter de ne pas m'être fié à mon instinct. En écoutant davantage mes ressentis, je pourrais éviter ces situations, gagner un temps précieux et me préserver émotionnellement. Cela me permettrait d'être plus serein, de m'entourer de relations sincères et épanouissantes, et de vivre avec plus de légèreté et de bonheur.

Ce type de focus donne à votre mental une raison claire et puissante de coopérer. Il comprend que l'intuition n'est pas là pour le remplacer, mais pour vous protéger et vous simplifier la vie. C'est un vrai partenariat gagnant !

Clé n° 3 : muscler l'intuition, l'entraînement fait toute la différence

L'intuition se renforce avec l'entraînement et l'expérience. Pas besoin de chercher à être parfait ou à tout maîtriser dès le départ. L'idée, c'est de partir comme un explorateur, curieux et ouvert, pour apprivoiser cette capacité qui sommeille en vous.

Utilisez votre intuition au quotidien, même pour des petites choses. Plus vous la sollicitez, plus elle se développe. Et surtout, lâchez la pression : ce n'est pas un concours, et vous ne devez rien à personne. Vos ressentis n'ont pas besoin d'être validés par l'extérieur, car ils sont uniques, profondément liés à vous et à votre propre vérité.

Prenez plaisir à expérimenter et à vous tromper parfois, parce que c'est ainsi que vous apprendrez. Après tout, même les virtuoses doivent pratiquer chaque jour pour progresser, et eux aussi ont fait des erreurs en chemin. Alors, donnez-vous la liberté d'explorer et de grandir, à votre manière et à votre rythme.

Clé n° 4 : comprendre que l'intuition passe par le corps

Votre corps est comme une antenne hypersensible, votre tout premier canal intuitif. Avant même que votre cerveau rationnel s'agite avec ses analyses, il capte des signaux subtils. Une tension dans la poitrine, un nœud à l'estomac, une sensation de légèreté ou de chaleur… Ce sont autant de messages que votre intuition essaye de vous transmettre.

Prenez l'habitude de prêter attention à ce que votre corps vous dit. Observez ses réactions face à une situation ou à une personne. Où ressentez-vous quelque chose ? Est-ce doux, agréable ou au contraire un peu dérangeant ? Ces sensations physiques sont comme des indices, des petites clés qui ouvrent la porte à votre intuition.

Apprenez à écouter ces messages sans jugement ni précipitation. Votre corps parle un langage subtil mais précieux : il suffit de lui donner de l'attention pour en faire un allié puissant. Après tout, c'est votre meilleur guide intérieur, toujours à vos côtés.

Clé n° 5 : savoir interroger l'intuition

Contrairement à ce qu'on imagine souvent, l'intuition n'est pas toujours un éclair de génie qui tombe du ciel en criant « Eurêka ! ». Parfois, elle est discrète, délicate, et demande qu'on fasse un pas vers elle. Imaginez-vous comme un détective, attentif aux indices qu'elle laisse derrière elle. Prenez le temps de lui poser des questions simples et précises, comme : *Est-ce que cette situation est vraiment bonne pour moi ? ou Qu'est-ce que je ressens face à cette personne ?* Puis restez à l'écoute. Les réponses peuvent arriver sous des formes variées : un ressenti corporel, une image fugace ou même une pensée qui semble venir de nulle part, presque chuchotée. Avec un peu de patience et beaucoup de curiosité, vous apprendrez à décoder ces signaux et à leur faire confiance, même s'ils ne se manifestent pas toujours immédiatement.

Une méthode simple pour des relations au top grâce à votre intuition (et un peu votre mental)

L'intuition pour ressentir, le mental pour clarifier

Votre intuition est votre guide intérieur. Elle capte des signaux subtils que vous pourriez ignorer si vous ne vous y attardez pas. Une fois que vous avez ressenti, votre mental entre en jeu pour analyser et structurer ces impressions.

- Observez vos sensations : face à une personne ou à une situation, écoutez ce que votre corps vous dit. Tension, légèreté, chaleur ? C'est souvent votre intuition qui s'exprime.
- Posez-vous la question : *Qu'est-ce que je ressens vraiment ici ?*
- Organisez vos pensées. Si votre intuition vous dit qu'une relation est déséquilibrée, réfléchissez : *qu'est-ce qui me dérange ? Qu'est-ce que je veux améliorer ?*
- Évitez la suranalyse : le mental doit clarifier, pas compliquer. Gardez les choses simples et centrées sur vos ressentis.

Posez des questions simples à votre intuition et passez à l'action avec le mental

L'intuition fonctionne mieux avec des questions simples et directes. Prenez un moment pour vous demander :

- *Est-ce que cette relation me nourrit ou m'épuise ?*
- *Qu'est-ce que je peux faire, concrètement, pour améliorer cette situation ?*

Faites confiance à la première réponse qui émerge, même si elle est floue ou intuitive. C'est souvent le ressenti le plus juste. Ensuite, laissez votre mental intervenir pour transformer ce ressenti en action :

- Exprimez vos besoins clairement et calmement. Par exemple : *J'ai besoin de plus de soutien dans cette situation.*
- Fixez des limites si nécessaire, avec douceur, mais fermeté. Par exemple : *Je ne suis pas à l'aise avec cela, voici ce que je préfère.*
- L'intuition vous montre le chemin, le mental vous aide à poser des actes concrets pour avancer avec clarté et assurance dans vos relations.

Prenez du recul pour ajuster et apprendre

Pour des relations saines, il est essentiel d'ajuster vos comportements en fonction de ce que vous découvrez grâce à votre intuition et à votre mental.

- Prenez un temps de réflexion : après une interaction difficile ou une décision importante, demandez-vous : *Qu'est-ce que j'ai ressenti ? Comment pourrais-je mieux gérer une situation similaire ?*
- Ajustez si nécessaire : par exemple, si vous ressentez que vous n'avez pas été assez clair ou que vos limites n'ont pas été respectées, réfléchissez à une manière plus efficace d'agir la prochaine fois.
- Célébrez vos succès : notez ce qui a bien fonctionné, cela renforce votre confiance et votre capacité à écouter votre intuition.

Optimiser ses relations grâce à l'intuition

L'intuition, c'est un peu comme cette bonne copine qui lève les yeux au ciel dès que vous lui parlez de votre dernier *crush*, cette copine qui ne dit pas forcément grand-chose, mais dont le regard en dit long : *Tu es sûre de vouloir t'engager là-dedans ?* Elle fait la moue, elle soupire discrètement et, si vous l'écoutiez, elle vous éviterait bien des galères. En réalité, cette copine, c'est votre intuition. Elle sent les dynamiques relationnelles bien avant que vous ayez eu le temps de tout analyser rationnellement.

L'intuition, c'est un outil précieux qui vous fait gagner du temps et vous évite de vous enliser dans des relations qui ne sont tout simplement pas pour vous. Plutôt que de vous laisser emporter dans des interactions qui, au fond, ne collent pas avec vos valeurs ou vos besoins, elle vous permet de déceler rapidement ce qui est aligné et ce qui ne l'est pas. C'est comme un radar interne, toujours actif, captant des signaux avant que votre esprit les reconnaisse.

Vous avez déjà ressenti ce malaise subtil lors d'une première rencontre, sans pouvoir vraiment l'expliquer ? Ce petit truc qui cloche, cette impression que quelque chose ne va pas ? Eh bien, c'est votre intuition qui essaye de vous dire Attention, cette relation pourrait te faire perdre du temps. Elle vous envoie des signaux d'alerte, comme votre copine qui vous fait discrètement (ou pas) comprendre que ce n'est pas la bonne personne.

Et puis, il y a les moments où c'est tout l'inverse. Vous rencontrez quelqu'un et tout se passe naturellement. Connexion fluide, sans effort, vous êtes à l'aise dès les premières minutes. Là encore, c'est votre intuition qui vous guide vers une relation épanouissante. Elle sait reconnaître quand une personne est alignée avec qui vous êtes, et vous montre le chemin. Elle est la petite voix qui vous pousse à sortir de chez vous, même quand vous n'en avez pas envie. Vous savez, ce soir où vous aviez prévu de rester tranquillement sur le canapé, mais qu'un truc vous dit : Allez, sors. Et voilà, vous finissez par rencontrer quelqu'un avec qui la connexion est magique, quelqu'un qui fait écho à vos valeurs, à vos envies, et qui, sans que vous vous y attendiez, devient un pilier important dans votre vie. Merci qui ? Merci intuition !

Écouter cette boussole intérieure, c'est gagner un temps précieux. En vous fiant à elle, vous évitez de vous investir dans des relations qui ne vous apporteront rien de bon, et vous vous concentrez sur celles qui sont authentiques et nourrissantes. Vous préservez votre énergie, en investissant uniquement là où cela vaut vraiment la peine. Alors, la prochaine fois que votre intuition lève les yeux au ciel ou vous pousse à enfiler une veste et sortir, écoutez-la. Elle sait toujours ce qui est bon pour vous.

EXEMPLE : QUAND L'INTUITION NOUS AVERTIT DÈS LE DÉBUT

Un jour, je reçois Jeanne, qui vient de rompre avec son copain. Elle me raconte que, dès le début de la relation, elle a ressenti une forte attraction, et tout s'est déroulé de manière très passionnelle. Cependant, rapidement, la relation a capoté. Elle me confie qu'elle avait ressenti plusieurs signes dès le départ, des petites choses qui la dérangeaient, des doutes qui surgissaient, mais qu'elle a préféré les ignorer. Elle voulait donner une chance à cette relation et a choisi de s'adapter à l'autre, pensant que tout irait mieux avec le temps. Pourtant, si Jeanne avait écouté son intuition plus tôt, elle aurait pu aborder ces doutes dès le début. Qui sait, cela aurait pu donner à la relation une chance de s'améliorer ou, au contraire, elle aurait compris plus rapidement que cette relation n'était pas alignée avec elle. Dans les deux cas, elle aurait évité de s'investir émotionnellement dans quelque chose qui, au fond, ne lui convenait pas.

Cet exemple illustre comment l'intuition, lorsqu'elle est ignorée, peut nous conduire à rester trop longtemps dans des relations qui ne sont pas en phase avec qui nous sommes. La clé, c'est de faire confiance à nos ressentis dès le début et de ne pas repousser ce que nous captons, même si cela ne fait pas toujours plaisir.

Exercice

Évaluez une relation récente

Je vous propose un petit exercice simple pour prendre conscience de ce gain de temps. Pensez à une relation récente, qu'elle soit professionnelle, amicale ou amoureuse, et posez-vous les questions suivantes.

Première impression. Qu'est-ce que votre intuition vous a dit lors des premiers échanges ? Avez-vous ressenti un léger inconfort ou, au contraire, une fluidité naturelle dans l'interaction ?

Signaux d'alerte ou de validation. Si la relation a rapidement tourné dans une direction que vous n'appréciez pas, rappelez-vous : aviez-vous déjà ressenti quelques signaux au départ qui auraient pu vous alerter ? Si c'était une relation positive, qu'est-ce qui vous a confirmé, dès le début, que c'était une connexion saine ?

Temps gagné. Comment votre intuition vous a-t-elle permis de gagner du temps ? En identifiant rapidement une mauvaise dynamique, avez-vous pu ajuster vos attentes ou mettre fin à la relation avant qu'elle prenne trop de place dans votre vie ? À l'inverse, une bonne dynamique relationnelle vous a-t-elle permis d'investir plus rapidement dans une connexion authentique ?

Prenez quelques minutes pour écrire votre ressenti sur cette relation. Vous verrez comment l'intuition, lorsqu'elle est écoutée, vous aide à éviter des frustrations, à aller à l'essentiel, et à vous entourer des bonnes personnes.

Poser ses limites intuitivement pour protéger son énergie dans les relations

Ah, les limites ! Rien que d'en parler, on sent une petite montée de stress. Poser des limites, c'est tout un art (pas toujours évident), surtout quand on veut rester sympa tout en se préservant. Pourtant, votre intuition peut devenir une précieuse alliée pour définir et défendre cet espace personnel qui vous permet de rester aligné et serein. Elle est comme un détecteur intérieur qui s'allume dès que quelqu'un (ou quelque chose) empiète sur votre énergie. Vous ressentez une petite alerte dans le ventre, une envie de reculer légèrement, une tension qui murmure que quelque chose cloche. Mais combien de fois l'avons-nous ignorée ? Combien de fois avons-nous souri poliment alors que tout en nous criait *Non ! ?* Entre la peur de blesser et l'envie de faire plaisir, on laisse parfois notre espace vital se réduire comme une peau de chagrin.

Pourquoi est-ce si difficile de dire non ?

Parce qu'on a souvent peur de passer pour la méchante sorcière (sans le chapeau pointu, malheureusement). On craint de décevoir, de créer des tensions ou, pire, d'être exclu du groupe WhatsApp ! Notre envie d'être aimé et accepté nous pousse à dire oui, même quand notre intuition agite frénétiquement un drapeau rouge.

L'intuition, un GPS interne sous-estimé

Votre intuition est un GPS émotionnel intégré, prêt à recalculer votre itinéraire vers le bien-être. Elle capte les signaux subtils, comme ce léger malaise quand votre collègue vous propose (encore) de finir son rapport à sa place. Si votre estomac fait un nœud de cabestan, c'est peut-être le moment d'écouter cette alarme intérieure. En fait, c'est simple : votre intuition vous montre vos limites bien avant que vous ayez à les verbaliser.

Comment poser des limites sans passer pour un ermite asocial ?

Écoutez votre corps : si vous ressentez une tension dans les épaules ou une envie de fuir, ce n'est pas un hasard. Votre corps est un baromètre infaillible.

Prenez le temps de répondre : avant de dire oui par réflexe, autorisez-vous une pause. Un simple *Laisse-moi y réfléchir peut vous sauver de nombreux engagements indésirables.*

Formulez un non bienveillant : dire non ne requiert pas de brandir un panneau « Accès interdit ». Un *Je ne suis pas disponible cette fois-ci, mais j'espère que tu trouveras une solution* fait parfaitement l'affaire.

Visualisez vos limites : imaginez une bulle protectrice autour de vous, un espace sacré où seules les bonnes énergies sont admises.

Pratiquez l'autocompassion : il est normal de se sentir coupable au début. Rappelez-vous que prendre soin de vous est essentiel. Et puis, vous n'êtes pas la tasse de thé de tout le monde (vous êtes du champagne !).

Comment se positionner ?

Imaginez que vous êtes en pleine conversation et que votre énergie commence à filer. Plutôt que d'attendre d'être complètement vidé, écoutez ce que votre intuition vous murmure. Parfois, il suffit de répondre : « C'est super intéressant, mais je dois me recentrer là-dessus ou J'ai besoin de faire une pause. » Pas besoin de grandes explications.

LES BIENFAITS DES LIMITES INTUITIVES

Énergie renouvelée : fini les soirées à ruminer parce que vous n'avez pas su refuser. Vous pourrez passer à autre chose plus rapidement.

Relations plus équilibrées : vos proches apprendront à respecter vos besoins, et vous éviterez de devenir un paillasson émotionnel.

Confiance en vous boostée : chaque non prononcé avec assurance est une victoire sur vos peurs et une affirmation de votre valeur.

Poser des limites grâce à l'intuition, c'est un peu comme devenir le gardien de son propre musée. Vous choisissez quelles œuvres exposer (vos énergies), qui inviter aux vernissages (les personnes qui vous respectent) et, surtout, quand fermer les portes pour préserver vos trésors (votre bien-être).

Alors, la prochaine fois que votre collègue vous demandera de couvrir son absence pour la troisième fois cette semaine, écoutez cette petite voix qui chuchote *Et toi, qui te couvre ?*. Prenez une grande inspiration, souriez, et posez cette limite saine. Dire non aux autres, c'est souvent dire oui à soi-même, et ça, c'est la plus belle preuve d'amour que vous puissiez vous offrir. Car poser des limites, ce n'est pas rejeter l'autre, c'est simplement choisir où va votre énergie et comment elle est utilisée. Et ça, votre intuition le sait très bien. Avec un peu de pratique, elle vous aidera à trouver des réponses légères, naturelles et efficaces pour préserver votre vitalité sans vous sentir coupable.

Exercice

Reconnectez-vous à vos limites

Cet exercice vous aide à explorer votre espace personnel et à clarifier vos limites, en prenant conscience des peurs qui peuvent surgir et des phrases pour les équilibrer. Les phrases d'équilibrage sont un pilier essentiel de mon approche. Elles sont spécialement conçues pour vous recentrer, en trouvant un juste milieu entre des extrêmes qui peuvent souvent peser lourd sur notre quotidien. Dans mon approche, l'équilibrage est bien plus qu'une simple affirmation : c'est un outil puissant pour se situer « ni trop, ni trop peu ». C'est ce mouvement qui nous recentre, en allégeant ce poids du « trop » ou du « pas assez », et qui nous permet d'accueillir nos expériences et nos ressentis avec plus de sérénité. Quand on se recentre ainsi, on ressent immédiatement un apaisement, une clarté qui facilite la prise de décision et une plus grande aisance pour naviguer dans les situations complexes de la vie. Avec les phrases d'équilibrage, je vous propose de créer des affirmations qui intègrent à la fois une crainte ou une croyance limitante et une certitude positive qui vient contrebalancer cette peur. En effet, ces phrases, qui s'adressent à notre inconscient, nous aident à maintenir une présence intérieure stable et alignée, sans basculer dans l'excès ni la restriction. Dans mon coaching, elles sont un levier puissant pour renforcer votre autonomie émotionnelle et votre confiance en vous, tout en facilitant l'écoute de votre intuition et de vos besoins réels. C'est un chemin pour vivre plus à l'aise, plus authentiquement, et pleinement connecté à vos valeurs.

Étape 1. Installez-vous dans un espace calme.

Étape 2. Prenez quelques respirations profondes. À chaque inspiration, imaginez que vous vous remplissez de calme et de sérénité. À chaque expiration, laissez aller toute tension ou pensée qui pourrait vous distraire.

Étape 3. Visualisez votre espace personnel.

Imaginez maintenant une bulle lumineuse autour de vous. Cette bulle représente votre espace personnel, votre « territoire énergétique ». Elle est douce, mais solide, et vous entoure totalement. Prenez un instant pour sentir la sécurité et le confort qu'elle vous apporte.

Étape 4. Posez-vous les questions suivantes et ressentez vos réactions intérieures.

- *Pourquoi est-ce que je ne sais pas poser de limites ?*
- *Quelle est ma peur principale quand je pense à poser des limites ?*

Certains exemples de peurs fréquentes incluent :

- Peur d'être jugé par les autres.
- Peur de déplaire ou de blesser.
- Peur de perdre l'amour ou l'approbation.
- Peur d'être abandonné.
- Peur de passer pour une personne égoïste.
- Peur d'un conflit ou d'une réaction négative.
- Peur de ne pas être à la hauteur des attentes.
- Peur de manquer des opportunités.
- Peur de se sentir isolé.
- Peur de faire face à ses propres insécurités.

Étape 5. Phrases d'équilibrage pour vos peurs.

Pour chaque peur, vous pouvez choisir une phrase d'équilibrage qui aide à transformer cette peur en une affirmation plus positive et équilibrée. Voici des exemples pour vous guider :

- ▷ Peur d'être jugé : *Je demande l'équilibre entre la peur d'être jugé et la certitude que je mérite d'exprimer mes besoins.*
- ▷ Peur de déplaire ou de blesser : *Je demande l'équilibre entre la peur de déplaire et la certitude que prendre soin de moi est essentiel pour mes relations.*
- ▷ Peur de perdre l'amour ou l'approbation : *Je demande l'équilibre entre la peur de perdre l'amour et la certitude que ceux qui m'aiment vraiment respecteront mes limites.*
- ▷ Peur d'être abandonné : *Je demande l'équilibre entre la peur d'être abandonné et la certitude que je suis digne d'avoir des relations saines et équilibrées.*
- ▷ Peur de passer pour une personne égoïste : *Je demande l'équilibre entre la peur de paraître égoïste et la certitude que mes besoins comptent autant que ceux des autres.*
- ▷ Peur d'un conflit ou d'une réaction négative : *Je demande l'équilibre entre la peur du conflit et la certitude que je peux exprimer mes limites de manière respectueuse et calme.*
- ▷ Peur de ne pas être à la hauteur des attentes : *Je demande l'équilibre entre la peur de décevoir et la certitude que je peux être moi-même sans culpabilité.*
- ▷ Peur de manquer des opportunités : *Je demande l'équilibre entre la peur de manquer quelque chose et la certitude que mon bien-être est prioritaire.*
- ▷ Peur de se sentir isolé : *Je demande l'équilibre entre la peur de l'isolement et la certitude que les relations authentiques respectent mes besoins.*
- ▷ Peur de faire face à ses propres insécurités : *Je demande l'équilibre entre la peur de mes insécurités et la certitude que chaque limite posée renforce ma confiance en moi.*

Étape 6. Engagez-vous à respecter vos limites.

Choisissez une ou deux phrases qui résonnent le plus en vous. Répétez-les en silence, en ressentant la force de vos intentions, et imaginez-les s'inscrire dans votre espace de manière protectrice.

Étape 7. Notez vos ressentis et vos engagements.

Prenez quelques minutes pour noter ce que vous avez ressenti en répétant ces phrases et les actions concrètes que vous souhaitez prendre pour respecter vos limites.

En utilisant ces phrases d'équilibrage, vous créez un espace sécurisé pour vos besoins et réduisez l'impact de vos peurs. Vous renforcez ainsi votre énergie personnelle, et apprendre à poser des limites devient un acte d'amour et de respect envers vous-même.

EXEMPLE D'APPLICATION RÉUSSIE

Sophie, mère de deux enfants, avait du mal à poser des limites avec sa famille, ce qui l'épuisait émotionnellement. En pratiquant l'exercice sur les limites, elle a appris à repérer les moments où elle se sentait envahie. Elle a compris qu'elle n'osait pas affirmer ses besoins car elle avait peur d'être rejetée, d'être jugée. Le travail d'équilibrage lui a permis de poser un nouveau cadre. Lors d'un repas de famille, elle a osé dire non à une demande qui la surchargeait. À sa grande surprise, cela n'a pas créé de conflit, et elle s'est sentie plus respectée, sans peur du jugement et du rejet.

Gérer les conflits grâce à l'intuition : anticiper et désamorcer avant l'explosion

Les conflits finissent toujours par s'inviter, que ce soit dans nos relations personnelles ou professionnelles. Ce n'est pas que l'on adore ça, mais bon, ils font partie du package. Ils surgissent quand des désaccords s'installent ou qu'on laisse traîner des malentendus trop longtemps. Mais soyons honnêtes, avant que ça explose, on a souvent cette petite voix intérieure (notre chère intuition) qui nous chuchote que quelque chose ne va pas. Vous savez, ce petit malaise qui vous dit que l'énergie a changé, que l'autre commence à se fermer ou que la discussion prend une tournure bizarre. C'est un peu comme si votre intuition vous faisait un clin d'œil : *Attention, ça risque de chauffer si tu ne réagis pas !*

Eh bien, l'intuition, c'est votre meilleure alliée pour gérer les conflits avant qu'ils deviennent des feux d'artifice. Elle est là, toujours en veille, captant les indices subtils qui passent parfois inaperçus. Le ton de voix du collègue qui change légèrement, une posture plus fermée, ou cette tension dans l'air que l'on pourrait presque couper au couteau. Ces menus détails, si discrets soient-ils, sont des signaux d'alerte. Ils vous préviennent qu'un conflit pourrait se préparer en coulisses. Et si vous écoutez ces ressentis, vous avez la chance d'agir avant que la situation dégénère en mode « drame du lundi matin ».

L'intuition, votre radar émotionnel

On est d'accord, parfois, on est tellement pris dans nos routines, ou dans nos propres émotions, qu'on zappe complètement ces premiers signaux. Mais c'est dommage, parce que, si on les captait à temps, on pourrait désamorcer les tensions bien avant que cela devienne explosif. L'intuition, c'est un peu comme avoir un super radar émotionnel toujours activé, qui vous permet de détecter un orage avant même que les nuages arrivent. Bon, elle ne vous dira pas forcément : *Attention, Jean-Luc va faire sa crise, mais elle vous fera comprendre que quelque chose cloche.*

PRENONS UN EXEMPLE

On a tous vécu ça. Vous êtes en pleine discussion avec un collègue, tout va bien, et soudain, sans trop savoir pourquoi, vous ressentez un petit truc. Peut-être un léger malaise, une gêne qui s'installe. Votre intuition capte un changement subtil : le ton de voix de votre collègue devient plus sec ou sa posture se ferme un peu plus. À ce moment précis, deux options s'offrent à vous : soit vous ignorez ce ressenti et continuez la conversation comme si de rien n'était (on sait comment ça finit : pas bien), soit vous écoutez cette petite alerte intérieure. Et là, vous pouvez ajuster votre approche, poser une question pour clarifier une incompréhension, ou simplement faire preuve d'un peu plus d'écoute en demandant à Jean-Luc ce qui se passe.

Prendre le contrôle avant que ça dégénère

En prêtant attention à ces signaux, vous devenez le pro du désamorçage de conflits. Vous adaptez votre attitude, vous tempérez les choses avant que ça dégénère en dispute de bureau (ou de famille, selon le contexte). Parfois, un simple « Ça va ? On dirait que quelque chose te tracasse » suffit pour calmer le jeu et éviter une explosion émotionnelle. Alors, la prochaine fois que votre intuition vous enverra des petits messages comme *Attention, ça risque de déraper*, ne la mettez pas en sourdine. Écoutez-la, elle est là pour vous aider à maintenir la paix. Et avouons-le, c'est quand même plus sympa de passer une journée sans conflit.

Comment l'intuition vous aide à gérer les conflits

L'intuition agit comme un filtre subtil dans vos relations. Elle capte des énergies et des émotions avant que celles-ci deviennent évidentes. Voici quelques façons dont elle peut vous aider à mieux gérer les conflits :

- Détection des tensions sous-jacentes : avant qu'un conflit éclate, votre intuition peut capter des signes subtils, comme un léger changement d'attitude chez l'autre ou une sensation de malaise en vous. Ces signes sont souvent des indicateurs qu'un sujet sensible se prépare.

- Anticipation des besoins non exprimés : souvent, un conflit survient parce que les besoins de l'un ou de l'autre ne sont pas respectés ou entendus. L'intuition vous permet de sentir ces besoins avant qu'ils soient verbalement exprimés. Vous pouvez ainsi y répondre ou les aborder avant que la frustration s'installe.
- Ajustement du comportement : une fois que vous avez capté les signaux intuitifs, vous pouvez adapter votre comportement pour éviter l'escalade. Que ce soit en adoptant une posture plus ouverte, en posant des questions pour clarifier ou en faisant preuve de plus d'empathie, vous pouvez prendre des mesures pour calmer la situation.

Exercice

Utiliser son intuition pour anticiper et désamorcer un conflit

Cet exercice vous permettra d'analyser un conflit récent et de réfléchir à la manière dont votre intuition aurait pu vous aider à anticiper et à désamorcer la situation.

1. Prenez quelques minutes pour réfléchir à un conflit que vous avez vécu récemment. Il peut s'agir d'un désaccord au travail, d'une dispute avec un ami ou un membre de la famille, ou même d'une simple tension non résolue.

2. Remémorez-vous les premiers signes : fermez les yeux et revenez au moment où vous avez commencé à sentir que quelque chose n'allait pas. Quels étaient les premiers signaux que vous avez reçus ? Était-ce un changement dans le ton de l'autre personne ? Un ressenti de malaise en vous ? Une tension dans l'air ou dans votre corps ?

3. Notez ce que vous auriez pu faire différemment : en vous fondant sur ces signaux intuitifs, imaginez comment vous auriez pu réagir différemment pour désamorcer la situation avant qu'elle s'aggrave. Auriez-vous posé une question pour clarifier une incompréhension ? Auriez-vous modifié votre ton ou votre langage corporel pour calmer la situation ? Notez ce que vous auriez pu dire ou faire.

4. Évaluez l'impact de l'intuition : en réfléchissant à cette situation, comment l'intuition aurait-elle pu vous aider à anticiper le conflit ? Pensez-vous que vous auriez pu éviter une escalade si vous aviez écouté vos ressentis dès le début ? Prenez quelques instants pour observer l'impact que cela aurait pu avoir sur votre bien-être et sur la relation.

Partie 4

LES OBSTACLES À UNE INTUITION RELATIONNELLE FLUIDE

Le mental : obstacle ou allié ?

Décoder comment le mental peut bloquer ou faciliter l'intuition

Le mental, que l'on peut aussi appeler l'« ego », joue un rôle crucial dans nos interactions relationnelles, souvent en réponse à des peurs : peur de l'inconnu, peur du rejet, peur de la trahison ou même peur de ne pas être aimé. Cette partie de nous, influencée par notre histoire personnelle, familiale et les croyances sociétales, tente de nous protéger en nous éloignant de ce qui semble dangereux dans nos relations. Pour ce faire, il classe les situations relationnelles comme « sécurisantes » ou « dangereuses », en se fondant sur des expériences passées, et en projetant ces schémas dans le futur.

Le mental est cette petite voix intérieure qui hésite, sabote nos intuitions et refuse de nous laisser suivre notre instinct relationnel. Il est là pour saboter nos élans intuitifs et nous dire : *Tu es sûr ? Rappelle-toi la dernière fois que tu as suivi ton instinct, ça n'a pas super bien marché !* Contrairement à l'intuition relationnelle, qui est guidée par le cœur – un cœur symbolique, représentant l'amour authentique, sans attente ni dépendance –, le mental cherche à rationaliser et à sécuriser en comparant chaque nouvelle interaction à des situations déjà vécues. Cela peut conduire à des doutes, de l'hésitation, ou même au rejet de cette intuition.

Dans son livre *La Règle des 5 secondes*, Mel Robbins explique que le mental n'a besoin que de 5 secondes pour commencer à déconstruire une idée ou un ressenti en déclenchant un processus d'hésitation. Cela bloque alors l'action intuitive, notamment dans les relations. Lorsque l'intuition relationnelle se manifeste comme une évidence – que vous ressentez, par exemple, que cette personne n'est pas alignée avec vous –, le mental-ego entre en scène et commence à évaluer les risques, cherchant à comprendre, à rationaliser ou même à contredire ce ressenti immédiat. Cela peut rapidement entraîner des doutes, vous faisant remettre en question ce que vous avez perçu intuitivement sur l'autre personne.

Le mental préfère le connu et le rationnel, car cela lui permet de gérer les émotions et de rester dans sa zone de confort, que je préfère nommer « zone d'habitude », même si cela signifie rester dans des schémas relationnels inconfortables, mais familiers. Par exemple, si vous ressentez que vous devriez quitter une relation qui ne vous épanouit pas, mais que vous avez déjà vécu une séparation douloureuse, votre mental pourrait vous faire douter de cette intuition en vous ramenant aux souvenirs passés. Il mettra en avant tous les risques de partir et ignorera les avantages de suivre votre cœur. Vous finirez peut-être par rester dans la relation, croyant que votre intuition vous trompe, alors que c'est votre mental qui cherche à vous protéger de la douleur.

L'intuition relationnelle ne se préoccupe ni du passé ni d'un avenir incertain rempli de « et si ». Elle se vit dans le présent, elle est fluide, sans peur, et vous guide simplement en fonction de ce que vous ressentez dans l'instant. C'est comme si votre cœur vous disait : *Ça, c'est bon pour toi, fais-moi confiance.* Pas de long monologue, juste une évidence.

Mais voilà, le mental, lui, c'est le rabat-joie du groupe. Il est là pour vous rappeler toutes les blessures passées, les fois où vous avez été déçu (et il y en a forcément), blessé ou même trahi. Il veut vous protéger, certes, mais il se fonde sur ce qu'il connaît : des peurs, des échecs, et des scénarios catastrophes qu'il rejoue en boucle. Résultat ? Une forte dose d'hésitation, de méfiance, et parfois un véritable blocage. Votre mental, au lieu de vous sauver, vous immobilise.

Prenons un exemple : vous rencontrez quelqu'un et, dès les premiers instants, vous ressentez une connexion intuitive forte. Votre intuition relationnelle est là, sereine, vous disant que cette personne a quelque chose à vous apporter. Mais bam ! le mental débarque. Il vous rappelle cette fois où vous avez donné votre confiance trop rapidement et où vous avez été déçu. Il vous balance un bon vieux *Attention, danger ! Tu te souviens de ce qui s'est passé la dernière fois, hein ?* Et là, vous commencez à hésiter. Vous n'avez plus envie d'explorer cette relation, non pas parce que votre intuition vous dit de vous éloigner, mais parce que votre mental vous sabote, en vous ramenant dans vos peurs passées.

La différence entre les deux est simple, mais souvent subtile. Le mental-ego, c'est celui qui dit : *Je ne vais pas m'engager, parce que j'ai peur d'être blessé*. Il nous traîne des valises émotionnelles pleines de doutes et de projections. Tandis que l'intuition relationnelle, elle, vous dit juste : Je ne le sens pas. C'est clair, immédiat et dénué de peur. En bref, si vous sentez une simplicité dans ce que vous ressentez, si ça vous semble évident sans avoir besoin de tout passer au crible, c'est probablement votre intuition relationnelle qui parle. Mais si vous commencez à ruminer, à suranalyser chaque geste ou chaque mot de l'autre, alors c'est le mental-ego qui fait des heures supplémentaires pour essayer de tout contrôler.

Faire la paix avec le mental en arrêtant de tout analyser (et apprendre à lâcher prise… enfin, en théorie)

Bon, je vais être honnête : lâcher prise, ce concept, je l'ai entendu des milliers de fois, et oui, sur le papier, ça a l'air génial. Mais en vrai, qui a le temps de lâcher prise ? Avec une vie bien remplie, un mental qui carbure à 200 à l'heure et des responsabilités qui s'accumulent, sérieusement, on lâche prise quand ? On est censé trouver comment ce moment magique où tout s'efface et où on se sent « zen » ? Franchement, ça semble parfois plus compliqué que tout le reste.

Et pourtant, malgré toutes les résistances du mental, il faut bien avouer que lâcher prise libère un espace incroyable dans notre esprit. Mais comment on fait, concrètement, quand on a l'impression d'avoir tout à gérer ? Ça commence par arrêter de croire qu'on peut tout contrôler. Parce que, non seulement ce n'est pas possible, mais en plus, c'est épuisant.

Pour pouvoir faire confiance à son intuition et commencer à lâcher un peu de ce contrôle permanent, il faut d'abord se sentir en sécurité intérieurement. Mais là encore, c'est quoi ce truc ? La sécurité intérieure, c'est ce moment où vous vous sentez en paix avec vous-même, peu importe ce qui se passe autour de vous. Ça peut sembler super abstrait, mais physiquement, ça se traduit par un ancrage : être bien dans son bassin, sentir que ses bases sont solides.

C'est un sentiment qui se construit souvent dans l'enfance, si on a eu la chance d'avoir un environnement où on nous laissait explorer, où on n'avait pas quelqu'un derrière nous disant « Attention, tu vas te planter ! » ou « Ne fais pas ça, tu vas te faire mal ». Si on a pu tenter, tomber et recommencer sans qu'on nous colle l'étiquette « Échec », on a grandi avec l'idée que le monde n'était pas dangereux et qu'on pouvait s'en sortir. Mais si, à l'inverse, on nous a appris à toujours calculer chaque geste, on a intégré que la vie est pleine de risques qu'il faut éviter à tout prix. Si vous avez grandi avec l'idée que tout doit être parfaitement sous contrôle, il y a de fortes chances que vous soyez devenu un pro de la suranalyse. Vous voulez que tout soit carré, parfait, sans risque. C'est comme si chaque décision, chaque interaction était passée au scanner mental, avec une voix qui vous dit : *Es-tu sûr ? As-tu bien réfléchi ?* Et cette petite voix, elle aime vous rappeler chaque erreur passée, chaque risque potentiel, juste pour être sûre que vous ne vous relâchiez pas trop.

Mais voilà, lâcher prise, ce n'est pas tout abandonner ou ne plus rien gérer. C'est accepter qu'il y ait certaines choses que vous ne pouvez pas contrôler, et que c'est OK. En fait, lâcher prise, c'est accepter que tout ne repose pas sur vos épaules et que, parfois, il faut laisser un peu de place au hasard et à la vie. Eh oui, c'est un challenge pour un mental en surchauffe.

Quelques pistes pour commencer à lâcher prise

Si, comme moi, vous trouvez ça un peu flou, voici quelques pistes pour y aller doucement, sans pression :

1. Reconnectez-vous à votre corps : lâcher prise passe aussi par le physique. En vous ancrant dans le présent, en prenant quelques minutes pour respirer, sentir votre corps et vos pieds bien posés au sol, vous commencez à relâcher un peu la pression mentale. Ça peut paraître basique, mais parfois, juste prendre un moment pour être là, ici, ça aide à calmer la machine.

2. Acceptez l'incertitude : bon, on ne va pas se mentir, il y aura toujours des choses qu'on ne pourra pas prévoir ou contrôler. Mais c'est OK. En acceptant qu'il y ait des zones d'incertitude, on s'ouvre à l'idée que tout ne doit pas être parfait. Et souvent, c'est dans ces moments d'imprévu que la magie se produit (oui, ça fait cliché, mais c'est vrai).

3. Soyez indulgent avec l'échec : c'est peut-être le plus difficile. Si vous avez peur de l'échec, vous allez vouloir tout prévoir, tout maîtriser. Mais l'échec n'est pas une fin en soi, c'est un processus. Lâcher prise, c'est accepter que l'on peut se tromper, que ce n'est pas grave, et que ça fait partie du chemin. L'important est de ne pas ressasser.

4. Soyez bienveillant avec vous-même : apprendre à lâcher prise, c'est aussi se pardonner de ne pas être parfait. Le mental adore nous mettre la pression, mais plus vous vous accordez de la douceur et du respect, plus vous commencez à relâcher ces vieux schémas de contrôle. On a tous droit de respirer et d'avancer sans avoir tout maîtrisé.

Je ne dis pas que vous allez devenir un maître du lâcher-prise du jour au lendemain, surtout quand vous avez des tonnes de choses à gérer. Mais en y allant doucement, vous allez commencer à ressentir une légèreté. Le mental ne sera plus en mode « alerte rouge » tout le temps, et vous allez découvrir à quel point il est agréable de se fier à son intuition plutôt que de tout passer au crible.

Lâcher prise, ce n'est pas renoncer. C'est simplement se permettre de ne pas tout contrôler tout le temps. Et une fois que vous commencez à goûter à cette sensation, vous verrez, vous aurez envie de recommencer. Parce que, au fond, tout analyser ne vous protège pas vraiment. Ça vous enferme. Alors, pourquoi ne pas essayer de poser ce sac de doutes et de voir où votre intuition vous mène ?

Exercice

Lâcher prise

Pour savoir si vous manquez de sécurité intérieure, posez-vous ces questions :

- ▷ Est-ce que j'attends beaucoup des autres ?
- ▷ Est-ce que j'ai besoin des autres pour me conforter dans mes décisions ?
- ▷ Est-ce que je m'inquiète pour les gens qui me sont chers ?
- ▷ Est-ce que je reporte mes projets en attendant toujours le meilleur moment ?
- ▷ Est-ce que j'ai l'impression de ne jamais avoir assez ?
- ▷ Est-ce que j'ai peur d'être vulnérable et de me montrer tel que je suis ?
- ▷ Est-ce que j'ai du mal à rester seul ?

Si vous avez répondu oui à au moins deux questions, il est probable que vous manquiez de sécurité intérieure et que vous alliez la chercher à l'extérieur, chez les autres ou dans le matériel.

Il va être alors intéressant de travailler sur ce sujet pour vous sentir en sécurité et laisser votre intuition se révéler.

En faisant grandir sa sécurité intérieure, on se sent soutenu et solide même quand les circonstances autour de nous ne sont pas favorables.

Visualisez-vous comme un arbre, dont le bas du tronc est fort et solide, et dont les racines s'enfoncent dans le sol.

Il est important, pour que votre structure soit forte et donc pour pouvoir vous appuyer sur vos ressentis, que votre base soit solide.

Comment faire grandir sa sécurité intérieure ?

- ▷ En se connectant à la nature

- En prenant soin de son alimentation.
- En s'interrogeant sur notre lien au matériel.
- En accueillant ses ressentis émotionnels.
- En prenant soin de son corps.
- Accepter de créer un espace sacré en soi et chez soi en prenant soin de son corps.

Ne plus se laisser envahir par les énergies des autres

En tant qu'intuitif ou hypersensible, il est fréquent de se retrouver envahi par l'énergie des autres dans ses relations. Cette sensibilité exacerbée peut vous amener à absorber les émotions et les vibrations négatives des personnes qui vous entourent, vous laissant épuisé et désorienté. Le problème est que vous finissez souvent par porter des charges émotionnelles qui ne vous appartiennent pas, ce qui peut sérieusement affecter vos interactions et votre bien-être émotionnel.

Imaginez que votre corps est votre maison ; et votre énergie, c'est votre réfrigérateur. Vous êtes confortablement installé dans votre salon, fatigué après une longue journée. Vous avez pris soin de fermer la porte d'entrée, mais, par flemme ou par habitude, vous avez laissé celle du garage grande ouverte. Cette porte ouverte, c'est votre vulnérabilité dans les relations. Elle est là pour les gens proches de vous, comme votre mère ou votre amie à problèmes, Véro. Elles viennent régulièrement se servir dans votre énergie sans que vous le remarquiez.

Le problème, c'est qu'il n'y a pas que Véro et votre mère qui passent par cette porte. D'autres personnes, même celles dont vous n'êtes pas vraiment proches, la voient et s'invitent sans hésiter. Vous ne dites rien, car on vous a appris à être poli, à ne pas poser de limites, à toujours écouter les autres. Rapidement, votre salon est rempli de gens qui racontent leurs soucis, déversent leurs problèmes et absorbent votre énergie. Vous commencez à vous sentir oppressé, mais vous laissez faire.

Au lieu de faire sortir ces personnes, vous les laissez se servir dans votre « frigo » énergétique, puis d'autres continuent d'arriver. Vous vous retrouvez coincé, vidé de toute énergie, avec vos angoisses qui se mêlent à celles des autres. Vous devenez un réceptacle émotionnel, écoutant et donnant sans cesse, jusqu'à ce que vous n'ayez plus rien à offrir, tout comme votre réfrigérateur vide.

C'est un véritable cauchemar relationnel, non ? Mais un jour, vous vous retrouvez à bout de forces et réalisez qu'il est temps d'agir. Vous comprenez qu'être gentil ne signifie pas se laisser envahir dans vos relations. Vous rassemblez votre courage et faites sortir tout le monde, peu importe la manière. Vous vous retrouvez enfin seul dans votre « maison », épuisé, mais soulagé, avec la ferme intention de ne plus jamais laisser quelqu'un s'infiltrer ainsi dans votre espace énergétique.

Sauf que maintenant, la peur vous envahit. Vous vous dites : *Je ne veux plus jamais ressentir ces énergies négatives, je ne veux plus être envahi*. Alors, vous fermez tout, vous bloquez votre intuition relationnelle, pensant que c'est la meilleure solution pour vous protéger. Mais cette stratégie de fermeture finit par bloquer aussi les ressentis positifs et les connexions enrichissantes dans vos relations.

Ne plus accepter les énergies négatives

Les ressentis dans les relations, ça ne se commande pas. Parfois ils sont pourris, et il faut l'accepter : on ne peut pas choisir de vivre uniquement des expériences agréables. Mais comment faire si je veux uniquement des ressentis beaux et positifs dans mes relations ? Moi, j'en avais assez de ressentir des oppressions ou des malaises en présence de certaines personnes. Je voulais des connexions lumineuses, belles et légères, sans la lourdeur des énergies négatives.

Mais à force de refuser ces ressentis, j'ai compris que je ne pouvais pas tout bloquer sans conséquence. Bloquer les ressentis négatifs, c'est aussi bloquer les intuitions positives dans les relations. En vérité, c'est en apprenant à ajuster l'intensité de ce que l'on ressent que l'on trouve un équilibre.

Ma première erreur était de passer du volume 0 (quand je fermais complètement mon canal intuitif) au volume 10 (quand je laissais tout passer), sans nuance. J'ai donc appris à ajuster l'intensité de mes ressentis relationnels. Pourquoi avais-je besoin de tout capter à un volume aussi élevé ? Parce que je manquais de confiance en mes ressentis, je laissais mon mental tout gérer, et j'étais trop paresseuse pour m'occuper de mes propres limites. Sauf qu'un ressenti refoulé revient toujours, et souvent avec plus de force.

Réglage du volume relationnel : trouver l'équilibre

L'intensité avec laquelle vous captez les énergies relationnelles dépend de votre capacité à accepter ce que vous ressentez, à y faire face et à ajuster vos limites. Parfois, vous n'avez pas envie d'ouvrir la porte de votre intuition, mais l'énergie continue de frapper jusqu'à ce que vous la laissiez entrer. Le défi est d'apprendre à gérer ce « volume » sans se laisser submerger.

J'ai appris à baisser le volume en travaillant sur mes croyances, mes peurs et mon manque de confiance dans mes ressentis. Il ne s'agit pas de tout bloquer ou de tout recevoir avec la même intensité, mais de trouver un équilibre qui vous permette d'écouter votre intuition sans vous épuiser. J'ai décidé que volume 2 était parfait pour les relations quotidiennes et que volume 7 était idéal lorsque j'offrais des soins ou des conseils plus profonds.

La clé réside dans l'acceptation de vos ressentis relationnels, qu'ils soient bons ou mauvais. Plus vous apaisez vos peurs et gagnez en confiance, plus vos ressentis deviendront harmonieux et équilibrés dans vos interactions. Votre intuition relationnelle ne cherche pas à vous envahir, elle cherche à vous guider. Mais pour cela, il faut que votre mental cesse de vouloir tout contrôler et accepte de travailler main dans la main avec votre cœur.

La paix entre le mental et l'intuition relationnelle

L'intuition voulait s'exprimer, mais mon mental essayait constamment de la bloquer, cherchant à tout contrôler dans mes relations. J'ai dû trouver une méthode pour apaiser cette guerre entre les deux. En acceptant de travailler sur mes peurs et en renforçant ma confiance en mes ressentis, j'ai peu à peu amené mon mental à se calmer et à devenir un allié dans mes relations.

La solution repose sur l'acceptation et l'écoute de soi. Plus vous vous faites confiance, plus vos ressentis relationnels seront clairs et ajustés, et moins vous laisserez le mental vous saboter dans vos interactions.

En conclusion, faites de votre mental un allié de votre intuition relationnelle. Vous pouvez ajuster l'intensité de ce que vous ressentez sans tout bloquer, et apprendre à naviguer dans vos relations avec plus de clarté, de sérénité et d'amour de soi.

Exercice

Dialoguer avec votre mental pour laisser plus de place à votre intuition relationnelle et améliorer vos relations

Cet exercice vous aidera à créer une collaboration harmonieuse entre votre mental et votre intuition relationnelle. Souvent, votre mental, cherchant à vous protéger, peut bloquer ou suranalyser vos ressentis intuitifs dans vos relations. Grâce à ce dialogue, vous allez permettre à votre mental de soutenir vos décisions intuitives plutôt que de les freiner1.

Étape 1. Rencontre avec votre mental.

1. Personnalisez votre mental : commencez par lui donner un nom, comme si vous parliez à une autre personne.

2. Entamez la conversation. Dites-lui : Bonjour [nom de votre mental], je veux avoir une conversation importante avec toi.

Expliquez-lui que vous souhaitez améliorer vos relations en laissant plus de place à votre intuition. Vous pouvez dire quelque chose comme : J'aimerais que nous collaborions davantage pour que mon intuition ait plus d'espace dans mes relations.

Expliquez-lui pourquoi c'est important pour vous, par exemple : Cela me permettrait de ne plus aller vers des personnes néfastes pour moi et de recommencer les mêmes schémas, de savoir quelle relation est bien pour moi.

---

1. Inspiration : *Parler avec son mental*, de Lise Bourbeau

3. Posez des questions. Demandez à votre mental : Pourquoi es-tu souvent inquiet ou préoccupé lorsque je ressens quelque chose intuitivement dans mes relations ?

Écoutez les réponses qui viennent spontanément. Votre mental pourrait exprimer des peurs, comme la peur du rejet, de la trahison ou de revivre une blessure émotionnelle.

Étape 2. Rassurez et apprivoisez votre mental.

1. Écoutez-le avec bienveillance.

Après avoir écouté pourquoi votre mental bloque ou suranalyse vos ressentis dans les relations, montrez-lui que vous comprenez ses inquiétudes. Dites-lui : *Je comprends que tu essaies de me protéger des relations qui pourraient mal se passer, et je t'en remercie.*

Votre mental a un rôle protecteur, il est donc important de reconnaître ses efforts.

2. Rassurez-le.

Ensuite, expliquez à votre mental qu'il n'a pas besoin de tout contrôler. Vous pouvez dire : *Je suis capable de prendre soin de moi et de mes relations. Je peux écouter mon intuition sans danger, et je sais gérer les situations relationnelles difficiles. Je sais aussi que je si je reproduis les mêmes schémas c'est parce que quelque chose n'est pas réglé pour moi, et je chercherai à voir ce que je reproduis pour changer et aller vers le meilleur.*

Cette phrase le rassurera en lui montrant que vous êtes capable de vous protéger tout en écoutant vos ressentis.

3. Encouragez une nouvelle dynamique.

Je te propose de m'aider à utiliser mes ressentis intuitifs de manière constructive, sans les bloquer, si tu sens un danger quelconque tu auras le droit de me prévenir.

Proposez à votre mental de collaborer avec vous en organisant vos ressentis intuitifs et en les transformant en actions pratiques dans vos relations.

Étape 3. **Créez une nouvelle collaboration.**

1. Redéfinissez le rôle du mental. Proposez à votre mental un rôle différent dans vos relations. Par exemple, dites-lui : *Plutôt que de bloquer mes intuitions relationnelles, je te demande de m'aider à organiser ces ressentis pour en faire des actions constructives.*

2. Encouragez la collaboration : Je te fais confiance pour organiser mes pensées et ressentis dans mes relations, mais sans créer de doutes inutiles.

Expliquez que son rôle est d'aider à structurer et à organiser vos intuitions, mais sans générer de peurs ou d'hésitations.

Étape 4. **Ancrez ce dialogue dans votre quotidien.**

Pendant la semaine qui suit cet exercice, continuez à dialoguer régulièrement avec votre mental, surtout lorsque vous sentez qu'il devient trop bruyant ou qu'il bloque vos intuitions dans vos relations. Voici comment procéder.

1. Rappelez-lui son rôle. Lorsque votre mental commence à générer des doutes, dites-lui : *Aide-moi à structurer mes ressentis relationnels en actions pratiques, plutôt que de bloquer mes intuitions.*

2. Affirmez l'équilibre : *Tu n'as pas besoin de tout contrôler. Mon intuition est là pour me guider dans mes relations, et tu es là pour organiser ces ressentis.*

Étape 5. **Réfléchissez. À la fin de la semaine, prenez un moment pour réfléchir sur ce dialogue et la manière dont il a influencé vos relations.**

1. *Comment s'est déroulé le dialogue avec mon mental ?*

Avez-vous réussi à lui parler avec bienveillance et à comprendre ses préoccupations ?

2. *Ai-je ressenti plus d'espace pour écouter mon intuition relationnelle après avoir dialogué avec mon mental ?*

Notez si ce dialogue a aidé à diminuer les blocages mentaux et à laisser plus de place à votre ressenti intuitif dans vos relations.

3. *Comment mon mental a-t-il soutenu mon intuition ?*

Avez-vous remarqué un changement dans la manière dont votre mental soutient vos actions et décisions intuitives dans vos relations ?

Ce dialogue avec votre mental vous aidera à mieux gérer vos relations en équilibrant vos intuitions et vos réflexions. Plus vous pratiquerez cet exercice, plus vous renforcerez la collaboration entre votre mental et votre intuition relationnelle, créant ainsi des interactions plus fluides et authentiques.

Les croyances limitantes

L’influence des croyances dans notre capacité d’écoute

Si vous souhaitez intégrer pleinement l’intuition dans vos relations et interactions humaines, il est essentiel de commencer par déconstruire vos croyances limitantes. Ce sont souvent ces croyances qui vous empêchent de développer votre intuition relationnelle, même si vous en avez envie. Ceux qui parviennent à s’en libérer réussissent à mieux capter les subtilités des interactions humaines. Pourquoi sommes-nous souvent plus intuitifs lorsqu’on est enfant ? Tout simplement parce que les enfants ne sont pas encore complètement influencés par les croyances limitantes imposées par la société, l’éducation et la famille. Ils ne doutent pas de leurs ressentis et ne se laissent pas bloquer par la peur d’être jugés ou d’avoir tort.

Ces croyances limitantes, en grande partie transmises par nos parents, nos ancêtres, la culture et la société, finissent par nous enfermer dans des schémas de pensée rigides. Elles ne nous appartiennent pas vraiment, mais elles influencent profondément la manière dont nous interagissons avec les autres. Parfois, elles peuvent même nous couper de notre intuition relationnelle.

Certaines croyances ne sont pas forcément négatives. Quand elles sont équilibrées, elles nous aident à avancer et à nous sentir en sécurité. On pourrait alors les appeler des « certitudes » plutôt que des croyances limitantes. Mais lorsqu'elles créent un déséquilibre en nous, elles deviennent un frein. Par exemple, une croyance limitante pourrait vous convaincre que vous n'êtes pas assez « sensible » pour capter les ressentis des autres ou que vous n'êtes tout simplement pas fait pour avoir des relations harmonieuses. Ce type de pensée va inévitablement affecter la manière dont vous interagissez.

Imaginons que vous souhaitiez développer votre intuition relationnelle pour mieux comprendre les autres, capter leurs émotions et améliorer vos interactions. Vous êtes motivé, prêt à plonger dans cette exploration. Mais voilà, depuis toujours, vous avez entendu des phrases comme « L'intuition, c'est pour les médiums » ou encore « Faire confiance à ses ressentis, c'est un truc de gens bizarres ». Sans même vous en rendre compte, ces croyances se sont ancrées profondément dans votre esprit.

Le mental, en bon gardien des vieilles croyances, a fini par intégrer ces idées comme des vérités absolues. Aujourd'hui, elles freinent votre capacité à écouter vos ressentis et à vous faire confiance. Chaque fois que vous essayez de vous connecter à votre intuition, cette petite voix mentale vous rappelle les jugements du passé, vous plongeant dans le doute.

En acceptant que ces anciennes croyances ne définissent pas votre réalité actuelle, vous ouvrez la porte à une compréhension plus profonde des autres et de vous-même. Il s'agit de faire un pas vers cette écoute intérieure, en libérant doucement les idées limitantes que votre mental a adoptées par le passé.

C'est là tout l'enjeu : prendre conscience que votre intuition est un outil naturel, accessible à tous, et que vous pouvez l'écouter sans craindre d'être jugé ou incompris. Vous méritez de faire confiance à vos ressentis, même si, autrefois, on vous a fait croire le contraire.

Vous pourriez être freiné par des pensées telles que :

- L'intuition, c'est pour ceux qui sont nés avec des dons.

- Il est dangereux de se fier à ses ressentis, mieux vaut être rationnel.
- Si je me trompe, je vais être jugé.

L'influence des croyances dans nos interactions

Les croyances limitantes, c'est un peu comme des filtres qui déforment la réalité. Elles modifient subtilement (ou pas) la manière dont vous percevez les autres et vous-même. Par exemple, si vous avez grandi en entendant que montrer vos émotions est un signe de faiblesse, il y a de fortes chances que vous ayez du mal à reconnaître et à accepter les émotions des autres. Vous finissez par construire une barrière invisible, une sorte de mur qui vous coupe de la vraie dynamique relationnelle. Pas super pratique quand on cherche à se connecter profondément à quelqu'un, non ?

Quand ces croyances prennent le dessus, votre mental passe immédiatement en mode surveillance. Il veut tout analyser, tout contrôler, pour éviter que quoi que ce soit lui échappe. Résultat ? L'intuition se retrouve étouffée. Le mental, avec sa manie de rationaliser, prend toute la place, et cette belle petite voix intuitive qui, elle, repose sur la confiance, le lâcher-prise et la fluidité, n'a plus son mot à dire. C'est comme si le mental jouait au chef d'orchestre alors qu'il n'a jamais appris à lire une partition.

Dépasser les croyances pour libérer l'intuition

La première étape pour sortir de ce cercle, c'est de prendre conscience de vos croyances limitantes. C'est un peu comme ouvrir une vieille armoire pleine de vêtements qui ne vous vont plus, mais que vous gardez par habitude. En identifiant ces schémas de pensée, vous pouvez peu à peu les remplacer par des croyances plus saines, plus alignées avec qui vous êtes vraiment.

Cela demande du courage, parce que le mental, lui, adore sa zone d'habitude. Il préfère ce qu'il connaît, ce qui est prévisible, même si cela vous bloque. C'est normal de ressentir de la résistance, voire de la peur, quand vous commencez à changer ces vieilles croyances.

C'est comme si vous essayiez d'apprendre à danser en pleine tempête, alors que votre mental hurle : *Mais qu'est-ce que tu fais ? Retourne sur le canapé, c'est plus sûr !*

Mais plus vous prenez conscience de ces croyances, plus vous libérez votre capacité à écouter votre intuition relationnelle. Vous commencez à mieux comprendre les autres, à ressentir leurs émotions, à capter les petites dynamiques invisibles qui se jouent dans chaque relation.

Et cela ne sert pas que dans le domaine de l'intuition ! Se libérer des croyances, c'est quelque chose qu'on devrait tous faire régulièrement, un peu comme faire le grand ménage de printemps. Imaginez-vous vider cette vieille armoire pleine de vêtements hérités de mamie, voire de l'arrière-grand-mère. Oui, c'est symbolique, mais quel est l'intérêt de garder tous ces vieux vêtements qui ne sont ni à la mode ni à votre taille ? Ils prennent juste de la place et vous empêchent de voir ce qui vous va vraiment aujourd'hui. C'est pareil avec vos croyances : elles vous encombrent plus qu'elles vous aident !

Petit à petit, vous verrez que ces schémas peuvent être dépassés, et que votre intuition peut devenir un véritable guide lumineux dans vos interactions. Alors, oui, on en redemande tous les jours de ce ménage intérieur, parce qu'une fois libéré de tout ce qui ne vous correspond plus, vous êtes enfin prêt à vous reconnecter pleinement.

Exercice

Explorez l'impact de vos croyances limitantes sur votre intuition

Cet exercice a pour objectif de vous aider à identifier vos croyances limitantes et à comprendre comment elles influencent votre capacité à écouter et à faire confiance à votre intuition.

Étape 1. Identifiez vos croyances limitantes.

Prenez une feuille de papier et notez toutes les croyances que vous avez sur l'intuition et sur vous-même. Répondez aux questions suivantes.

1. Quelles croyances avez-vous sur l'intuition ?

Exemple : « L'intuition, c'est quelque chose de mystique que seuls certains possèdent », « Mon intuition n'est jamais fiable », « Il faut toujours se baser sur des faits, pas sur des ressentis ».

2. Quelles croyances avez-vous sur votre propre intuition ?

Exemple : « Je ne suis pas intuitif », « Mon intuition m'a souvent trompé dans le passé », « Je dois tout analyser rationnellement pour prendre de bonnes décisions ».

3. Quelles croyances avez-vous sur vous-même en général ?

Exemple : « Je n'ai pas confiance en moi », « Je doute toujours de mes choix », « Je fais toujours des erreurs ».

Étape 2. Analysez l'influence de ces croyances.

Maintenant que vous avez identifié vos croyances limitantes, prenez le temps d'analyser comment elles affectent votre capacité à écouter et à suivre votre intuition. Pour chaque croyance, répondez aux questions suivantes.

1. Comment cette croyance influence-t-elle ma capacité à écouter mon intuition ?

Exemple : si je crois que « l'intuition n'est pas fiable », je risque de ne pas prêter attention à mes ressentis quand ils se manifestent.

2. Quelles décisions ai-je déjà prises ou quelles actions ai-je déjà faites en ignorant mon intuition à cause de ces croyances ?

Exemple : « J'ai ignoré un ressenti instinctif parce que j'ai cru que je devais être rationnel », « J'ai fait un choix en écoutant uniquement mon mental, et non mon intuition ».

Étape 3. Remplacez les croyances limitantes.

Pour transformer ces croyances limitantes, il est important de les remplacer par des croyances positives qui vous soutiennent dans le développement de votre intuition. Pour chaque croyance limitante, écrivez une affirmation positive qui l'inverse, une contre-croyance. Cet exercice est tiré de ma méthode d'accompagnement, la méthode Aldrea©.

1. Croyance limitante : *Mon intuition n'est jamais fiable.*

Contre-croyance : Mon intuition est fiable et c'est un guide précieux.

2. Croyance limitante : *Je dois toujours me fier à des faits rationnels.*

Contre-croyance : Mon intuition me donne des informations que la logique ne peut pas toujours expliquer, mais qui sont tout aussi valides.

3. Croyance limitante : *Je ne suis pas intuitif.*

Contre-croyance : Je possède une intuition naturelle, et fiable.

Les peurs et leur influence sur les interactions

Ah, la peur… elle est là, tapie dans l'ombre, prête à nous saboter au moment où on veut se connecter aux autres de manière authentique. La peur de se tromper, d'être jugé, de ne pas être aimé ou de ne pas être « assez bien » est un frein redoutable. Ces petites voix qui résonnent dans notre tête et nous font douter finissent par créer une distance invisible entre nous et les autres, bloquant totalement notre capacité à écouter notre intuition et à nous ouvrir sincèrement.

Mais d'où viennent ces peurs paralysantes ? Très souvent, elles prennent racine dans notre passé. Ce sont comme de mauvaises herbes qui ont poussé à partir de notre histoire personnelle et de notre éducation. Par exemple, si vous avez grandi dans un environnement où l'erreur était synonyme de catastrophe (genre « Tu as échoué, le monde s'écroule »), il y a de grandes chances que vous ayez développé cette petite voix intérieure qui vous crie à chaque instant : *Attention, tu vas te tromper !* Et voilà comment, des années plus tard, vous vous retrouvez bloqué dans vos interactions. Vous voulez dire quelque chose, vous sentez un truc, mais hop ! la peur intervient et vous empêche de faire confiance à ce ressenti intuitif. Vous commencez à douter, à vous dire : *Et si je me trompe ? Et si je ne suis pas à la hauteur ?* Toutes ces peurs finissent par empoisonner vos relations, parce qu'elles vous coupent de la connexion sincère avec l'autre. Elles prennent de la place, amplifient le moindre doute, et finissent par rendre impossible toute spontanéité ou intuition dans les relations. Pourtant, à la base, votre intuition est claire et pure, elle sait ce qui est bon pour vous, elle capte ce qui se passe chez l'autre sans filtre.

Imaginez un enfant à qui on a souvent dit : « Attention, ne te trompe pas ! » Cet enfant a grandi en ayant la certitude que l'erreur était inacceptable. Maintenant adulte, chaque interaction devient un champ de mines potentiel où la moindre faute pourrait déclencher un jugement sévère. Résultat ? Vous ne faites plus confiance à votre intuition, car vous êtes tétanisé à l'idée de faire une erreur. Et dans le fond, ce qui en souffre le plus, c'est votre authenticité. Mais la bonne nouvelle, c'est qu'il est possible de déraciner ces peurs et de reprendre le contrôle. Plus vous prenez conscience de l'origine de ces peurs, plus vous pouvez apprendre à les dépasser. Vous n'êtes pas obligé de rester prisonnier de ces peurs du passé. Une fois que vous acceptez que vous avez le droit de vous tromper, de ne pas plaire à tout le monde, et que vous méritez d'être entendu, même imparfait, vous vous reconnectez à votre vraie nature. Et c'est là que la magie opère : votre intuition reprend sa place et vous permet de naviguer dans vos relations avec plus de confiance, de fluidité et, surtout, de sincérité. Parce qu'au fond ce qu'on recherche tous, c'est ça : des connexions authentiques, où l'on peut être soi-même, sans la peur de se tromper ou d'être jugé.

Les principales peurs qui bloquent l'intuition dans les interactions

Voici quelques peurs courantes qui peuvent limiter notre capacité à écouter notre intuition relationnelle.

La peur du jugement

Cette peur nous pousse à retenir nos ressentis et à ne pas exprimer ce que l'on perçoit intuitivement. On a peur d'être jugé si notre ressenti ne correspond pas à ce que les autres attendent ou à la norme. Cela nous pousse à cacher nos intuitions, voire à douter de leur validité.

La peur de se tromper

L'idée que suivre notre intuition pourrait nous conduire à faire une erreur peut nous paralyser. Cette peur vient souvent du perfectionnisme ou d'expériences passées où l'on a fait un choix intuitif qui n'a pas abouti comme on l'espérait.

La peur de ne pas être aimé

Nous pouvons avoir peur que, si nous écoutons vraiment notre intuition et agissons en conséquence, cela nous éloigne des autres. Par exemple, si votre intuition vous dit de poser des limites ou de vous éloigner d'une relation toxique, la peur de perdre l'amour ou l'affection de cette personne peut vous empêcher de suivre ce ressenti.

La peur d'être différent

Cette peur d'être « trop » ou « pas assez » par rapport aux autres peut vous pousser à ignorer vos ressentis, à vous conformer à ce qui est attendu dans une interaction plutôt que de suivre ce que vous ressentez vraiment.

L'intuition face aux attentes et aux peurs

Il est important de comprendre que l'intuition n'est pas infaillible et qu'elle peut être influencée par nos peurs. Parfois, ce que nous pensons être une intuition est en réalité une réaction à une peur ou à un manque de clarté émotionnelle. Il peut être difficile de différencier les deux, car notre mental peut très bien nous tromper, nous faisant croire que nous avons pris une décision intuitive, alors que nous avons simplement réagi à une peur sous-jacente.

Par ailleurs, il arrive que l'intuition soit juste mais que le résultat ne corresponde pas à nos attentes immédiates. Par exemple, vous suivez votre ressenti dans une interaction, cela vous pousse à vous éloigner d'une relation, et sur le coup cela semble difficile. Mais avec du recul, vous réalisez que cette décision était la meilleure pour votre bien-être, même si elle n'a pas été facile à accepter sur le moment.

Exercice

Identifier et libérer les peurs pour mieux écouter son intuition

Pour mieux capter votre intuition dans vos relations, il est essentiel d'identifier les peurs qui bloquent votre capacité à vous connecter pleinement aux autres. Voici quelques questions que vous pouvez vous poser pour explorer ces peurs :

- ▷ Quelle est ma plus grande peur dans les relations ? Est-ce la peur de ne pas être aimé, de me tromper ou de ne pas être compris ?
- ▷ D'où vient cette peur ? Est-elle liée à une expérience passée ou à ce que l'on m'a appris pendant mon enfance ?
- ▷ Comment cette peur influence-t-elle mes interactions avec les autres ? Est-ce qu'elle me pousse à retenir mes intuitions ou à réagir de manière excessive ?

Libérez la peur avec l'exercice d'équilibrage (méthode Aldrea©)

Dans cette étape, vous allez utiliser l'exercice d'équilibrage issu de la méthode Laetitia André™ pour travailler sur vos peurs. Cet exercice permet d'accueillir la peur, puis de trouver un équilibre entre une croyance limitante associée à cette peur et une certitude positive qui vous aidera à avancer. Nous sommes tous faits de positif et de négatif, d'un côté sombre et d'un côté plus lumineux. L'objectif ici n'est pas de basculer totalement dans le positif – ce serait irréaliste et peu efficace –, mais de trouver le juste équilibre entre ces deux pôles pour avancer de manière plus alignée et sereine.

L'équilibrage : apprivoiser la peur et le mental

Par exemple, si votre peur est : Je suis critiqué et jugé si je dis ce que je pense.

Le contraire serait une certitude comme : Quand je m'exprime, je me respecte et j'attire des relations sincères.

Cependant, votre mental, qui adore rester dans sa zone de confort (même inconfortable), ne sera pas toujours prêt à lâcher complètement cette croyance. Pour le rassurer et l'encourager à lâcher prise, on ajoute une phrase clé : Je demande l'équilibre.

Cette formule crée une passerelle douce entre la peur et la certitude, permettant à votre mental d'aller vers le meilleur sans se sentir brusqué. Résultat : la croyance limitante perd de son emprise et vous trouvez une position intérieure plus stable.

Comment formuler une phrase d'équilibrage

1. Identifiez la peur ou la croyance limitante. Par exemple : Si je dis ce que je pense, je serai critiqué et jugé.

2. Trouvez la certitude opposée. Par exemple : Quand je dis ce que je pense, je me respecte et j'attire des relations sincères.

3. Ajoutez la demande d'équilibre. La phrase devient : Je demande l'équilibre entre la croyance que, si je dis ce que je pense, je serai critiqué, et la certitude que, quand je dis ce que je pense, je me respecte et j'attire des relations sincères.

D'autres exemples d'équilibrage :

1. Peur : *Si je suis critiqué, je vais me sentir mal et perdre confiance.*

- Certitude : Même si on me critique, tout va bien pour moi et je surmonte ce moment.
- Phrase d'équilibrage : Je demande l'équilibre entre la croyance que, si je suis critiqué, je vais être mal et la certitude que, même si on me critique, tout va bien pour moi et je surmonte ce moment.

2. Peur : *Si je fais confiance, je vais être déçu.*

▷ Certitude : Quand je fais confiance, je me libère et j'attire des relations qui en valent la peine.

▷ Phrase d'équilibrage : Je demande l'équilibre entre la croyance que, si je fais confiance, je vais être déçu et la certitude que, quand je fais confiance, je me libère et j'attire des relations positives.

3. Peur : Si je prends des décisions, je vais forcément me tromper.

▷ Certitude : Même si je fais des erreurs, elles m'apprennent quelque chose et me guident.

▷ Phrase d'équilibrage : Je demande l'équilibre entre la croyance que, si je prends des décisions, je vais me tromper et la certitude que, même si je fais des erreurs, elles m'aident à avancer.

4. Peur : Si je mets des limites, on va m'abandonner.

▷ Certitude : Quand je mets des limites, je me respecte et je construis des relations saines.

▷ Phrase d'équilibrage : Je demande l'équilibre entre la croyance que, si je mets des limites, on va m'abandonner et la certitude que, quand je mets des limites, je me respecte et je construis des relations saines.

Pratiquez l'équilibrage régulièrement

Répétez ces phrases d'équilibrage à voix haute, c'est mieux, surtout lorsque vous sentez que votre peur vous freine dans une interaction ou une décision. Visualisez-vous trouvant cet équilibre, ni dans l'extrême négatif ni dans l'extrême positif, mais dans un espace intérieur juste et apaisé. Cet exercice vous permettra de désamorcer vos peurs tout en rassurant votre mental, pour avancer avec plus de clarté, de sérénité et de confiance dans vos relations et dans votre propre intuition.

Le stress brouille les signaux intuitifs

Il arrive que notre boussole intuitive soit brouillée, et le stress en est souvent la cause principale. Lorsque nous sommes submergés par l'anxiété, il devient difficile d'entendre nos signaux intuitifs, car nos peurs et nos inquiétudes interfèrent avec ces ressentis. Le stress agit comme un voile qui nous empêche de percevoir clairement la réalité.

Dans ces moments, le mental prend le contrôle. En mode survie, nous analysons, rationalisons et anticipons le pire, au lieu de prêter attention à notre intuition. Cette tendance à chercher des solutions immédiates ou à éviter de ressentir profondément peut nous éloigner de ce que nous savons au fond de nous.

Cela se manifeste particulièrement dans les relations. Par exemple, vous pouvez pressentir qu'une relation n'est plus alignée avec vous, mais le stress de devoir affronter cette vérité vous pousse à l'ignorer. Les signaux intuitifs – un malaise, une gêne ou une fatigue après chaque interaction – sont bien présents, mais la peur de la confrontation ou du changement vous retient.

Nous avons tous vécu ces moments où une situation ne résonne plus avec nous, mais où nous choisissons de fermer les yeux. L'intuition murmure qu'il y a un manque d'alignement, mais le stress, comme un filtre, nous maintient focalisés sur les scénarios négatifs que la vérité pourrait provoquer. Par peur de l'inconnu ou du changement, nous prolongeons alors des situations qui ne nous conviennent plus, retardant un alignement pourtant essentiel avec nous-mêmes.

Réduire le stress relationnel

Le stress dans les relations provient souvent de déséquilibres émotionnels : on donne trop, on attend trop, ou l'on tolère des situations qui ne respectent pas nos limites. L'intuition permet de détecter ces déséquilibres bien avant qu'ils explosent en conflits ou en frustrations. Elle vous aide à ajuster vos comportements, à poser des limites, ou à choisir des moments pour prendre du recul.

Lorsque vous suivez votre intuition, vous apprenez à identifier rapidement les situations qui risquent de vous épuiser émotionnellement. Vous évitez ainsi de vous retrouver dans des scénarios où vous êtes constamment en train de régler des conflits ou de gérer des tensions émotionnelles qui auraient pu être évitées en écoutant vos premiers ressentis.

En somme, l'intuition vous offre un chemin vers un bien-être émotionnel durable en vous aidant à rester en phase avec vos émotions et à vous ajuster en fonction de ce que vous ressentez. Plus vous faites confiance à cette boussole intérieure, plus vous êtes à même de maintenir des relations harmonieuses, réduisant ainsi le stress qui peut en découler.

Fuir ou faire face ?

Il arrive aussi que l'intuition vous montre une réponse que vous ne voulez pas entendre, parce qu'elle vous pousse hors de votre zone d'habitude. Vous savez au fond de vous ce qu'il faut faire, mais la peur vous paralyse : peur de blesser l'autre, peur d'avoir à affronter une situation difficile, peur de changer les choses. Ce stress lié à la réponse intuitive vous pousse à fuir ou à remettre les choses à plus tard, espérant que le problème se résolve tout seul.

Cela peut être le cas dans les relations amoureuses, amicales ou professionnelles. Par exemple, vous savez qu'il est temps de poser une limite, mais le stress que cela génère vous empêche de le faire. Vous ressentez ce nœud dans l'estomac ou cette gêne chaque fois que vous pensez à la situation, mais au lieu d'écouter ces signaux, vous les étouffez avec des justifications mentales : *Peut-être que ça ira mieux avec le temps, Je ne veux pas faire de vagues* ou *C'est moi qui dramatise.*

L'effet du stress sur l'intuition

Le stress crée un bruit de fond qui brouille nos perceptions intuitives. Ce bruit est fait de pensées négatives, de doutes, de craintes et d'anticipations. Au lieu de recevoir les messages intuitifs de manière claire et fluide, nous sommes submergés par ce chaos mental qui nous pousse à ignorer ou à rejeter nos ressentis. Plus nous sommes stressés, plus il devient difficile d'entendre cette petite voix intérieure.

Lorsque nous ne voulons pas voir la vérité ou que la réponse nous stresse, nous bloquons volontairement l'intuition pour ne pas affronter ce qui pourrait être inconfortable. Nous restons dans un cercle vicieux de stress, ce qui nous empêche d'avancer sereinement dans nos relations et nos décisions.

Exercice

Comment retrouver une écoute intuitive malgré le stress

Heureusement, il est possible de réduire le brouillard du stress et de se reconnecter à notre intuition. Pour cela, il est essentiel de créer des moments de calme et de détente, où le mental peut se relâcher, et où l'intuition peut à nouveau se faire entendre.

Voici quelques pratiques pour retrouver cette clarté :

- ▷ Prendre du recul : lorsque vous ressentez que le stress prend le dessus, faites une pause. Éloignez-vous de la situation, respirez profondément et décrochez mentalement pendant un moment.
- ▷ Respiration consciente : utilisez la respiration profonde pour calmer votre système nerveux. Cela apaise le stress et ouvre un espace intérieur où l'intuition peut à nouveau émerger.
- ▷ Accepter la possibilité de l'inconfort : reconnaître que la vérité peut parfois être inconfortable est un premier pas vers l'écoute de votre intuition. L'inconfort n'est pas une fin en soi ; c'est une passerelle vers le changement et la guérison.
- ▷ Réaliser que l'intuition vous protège : même si la réponse de l'intuition peut parfois être difficile à accepter, elle est là pour vous guider vers ce qui est juste pour vous. En l'ignorant, vous ne faites que prolonger une situation qui, à terme, vous épuisera davantage.

Gérer les blocages : et si mon corps ne me parle pas

Comment le stress et l'anxiété peuvent brouiller les signaux

Nous l'avons vu avec les signaux corporels : il n'est pas toujours facile de distinguer un ressenti intuitif d'une réaction due au stress ou à l'anxiété. Les deux peuvent provoquer des sensations similaires. Parfois, un ressenti peut même déclencher du stress, notamment s'il touche à des aspects complexes ou négatifs en vous. Si ce ressenti réveille des souvenirs ou des peurs enfouies, il devient encore plus difficile de gérer la situation avec sérénité. Il est alors facile de se laisser envahir et de s'approprier ce ressenti.

Pour savoir si vous êtes face à un stress ou si vous captez quelque chose d'intuitif, il est utile de refaire un scan de votre état intérieur : *Comment me sentais-je juste avant ?* Si vous vous sentiez bien avant l'apparition du ressenti négatif, il est probable que vous captez une énergie ou une situation extérieure qui mérite votre attention. En revanche, si vous étiez déjà tendu ou préoccupé, il se peut que votre stress amplifie ou déforme votre perception de la situation.

Cette pratique de retour à soi, ce scan émotionnel, vous aidera à discerner plus facilement ce qui vient de vous et ce que vous captez de l'extérieur. Une fois cette distinction faite, vous pourrez alors plus facilement laisser partir ce qui ne vous appartient pas.

Si vous êtes anxieux, il est également important de déconstruire la croyance selon laquelle l'intuition serait un danger pour vous ou pour les autres. Pour cela, posez-vous les questions suivantes.

Qu'est-ce qui me fait le plus peur dans ce domaine intuitif ?

Souvent, nous acceptons d'être intuitifs, mais à condition de poser des limites.

Par exemple : *Je veux bien ressentir et recevoir des informations quand je fais des soins, mais pas quand je suis dans un lieu public.* Très bien, mais pensez-vous que poser ce genre de conditions n'entrave pas vos capacités intuitives ?

Qu'est-ce que je gagne à avoir peur ?

Si, chaque fois que vous ressentez quelque chose, vous paniquez ou vous mettez en retrait, c'est que vous en retirez un bénéfice, même inconscient. L'être humain ne fait jamais rien sans raison.

Par exemple, si je suis mal, est-ce que j'espère inconsciemment que maman, papa ou un « sauveur » viendront m'aider ? Et est-ce que le fait de voir les gens s'occuper de moi pourrait m'apporter un certain réconfort ?

Comment je me sentirais si je n'avais plus peur ?

Imaginez que vous êtes en paix avec vos intuitions et que vous les laissez venir naturellement. Comment vous sentez-vous dans votre corps ? Comment respirez-vous ? Observez la différence entre l'énergie qui circule en vous dans cet état de sérénité et celle qui circule lorsque la peur est en action.

Suis-je prêt à renoncer à ces croyances limitantes et à cette peur ?

Si la réponse est oui, utilisez des phrases d'équilibrage pour vous aider à ouvrir la voie de la libération. Ces affirmations simples, mais puissantes, vous permettront de transformer vos croyances et d'accueillir pleinement vos ressentis intuitifs sans crainte.

Exercice

Dépassez la peur de l'intuition : dépassez le père et la mère

Vous ne risquez rien à être intuitif, nous l'avons vu, les différents ressentis peuvent parfois être étranges et désagréables, mais en sachant les voir et les interpréter, vous pouvez les apaiser dans votre corps. Ce qui nous maintient dans cette peur est lié à notre positionnement face à l'autorité, le père qui représente notre lien au spirituel et au ciel, et notre ancrage à la terre véhiculé par notre mère et son positionnement plus ou moins heureux face au monde.

En résumé, si vous avez eu un père autoritaire et une mère dépressive croyant que la vie sur Terre est difficile, cela va être compliqué pour vous. Non je rigole, on s'en sort j'en suis la preuve vivante.

Il suffit de s'autoriser à dépasser le père d'une part en écrivant un mot doux : « Mon cher père, vous n'êtes pas Dieu sur Terre, vous ne savez pas tout, donc à partir d'aujourd'hui j'ai décidé que mon savoir était aussi riche que le vôtre, voire plus. Vous ne déciderez plus de tout pour moi et quoi que vous pensiez de moi et de mes choix, je m'en fiche royalement. Merci de tout ce cadre (un peu serré que vous m'avez apporté), mais j'ai décidé de prendre mes aises et de dépasser votre autorité pour définir la mienne. Avec tout le respect que je vous dois. Votre fille qui décide de prendre sa place. »

Et de s'autoriser à vous détacher de votre mère en coupant le cordon ombilical qui vous nourrit encore. Vous croyez l'avoir coupé ? Regardez alors comment ses réflexions viennent vous blesser et vous saurez si le coup de ciseau a été mis. Si ce n'est pas le cas ou si vous avez un doute, je vous invite à faire ceci :

« Ma chère mère, je prends note de vos angoisses pour la vie, et de vos peurs qu'il arrive un malheur. Aujourd'hui je décide de couper avec ce fonctionnement pour me nourrir non plus de vos croyances, mais de l'énergie de la terre mère.

« Merci de m'avoir mis au monde, merci de tout ce que vous m'avez offert et de tout l'amour (étouffant… [mettez ce qui correspond le plus]) que vous m'avez donné. Aujourd'hui je construis mes propres certitudes et je veux honorer la vie. J'ai essayé de vous aider, mais je me suis fourvoyée en me maintenant dans cette énergie pour vous sauver et je sais que ce n'est pas la solution. Votre fille qui veut incarner la joie. »

Si c'est le contraire qui s'est produit, votre mère est autoritaire et votre père effacé et anxieux, alors voyez le sujet sous un autre angle : la mère qui doit vous apporter la sécurité étant très autoritaire, elle a pu être castratrice, vous empêchant de réaliser des projets, voire manipulatrice, ce qui vous a empêché de vous réaliser. De la même façon, « on ne dépasse pas la mère » veut dire qu'on ne réussit pas mieux qu'elle sur Terre. Si votre père, qui est le lien à la spiritualité, était effacé, vous ne vous autoriserez pas à faire briller votre lumière, car vous n'êtes pas assez bien, pas assez digne pour le faire.

Je vous invite aussi à leur écrire des mots doux de libération. C'est salvateur et cela permet en écrivant dans la matière de positionner votre force et de vous individualiser face à eux.

Voir trop loin : se projeter dans le potentiel des autres

Savoir reconnaître quand l'intuition nous pousse trop loin dans la relation

Quand on est hypersensible et que notre intuition est bien développée, on a souvent tendance à voir chez l'autre son essence profonde, ce qu'il pourrait être, plutôt que ce qu'il est réellement dans le présent. On capte cette version 5D de l'autre, pleine de potentiel, de paillettes et de magie. C'est-à-dire qu'au lieu de voir la personne telle qu'elle est dans le quotidien, on capte directement sa version « âme pure ».

Pour ne rien arranger, nous avons grandi avec des histoires de princes et de princesses, alors forcément, dès qu'on ressent un peu de magie chez quelqu'un, on fonce tête baissée. Mais la réalité est souvent différente. Ce que nous percevons chez l'autre n'est peut-être que son potentiel, une version de lui-même qu'il pourrait exprimer dans cette vie mais qu'il ne réalisera peut-être pas. Et ce, pour diverses raisons : ce n'est peut-être pas son choix de vie, il n'a peut-être pas les capacités nécessaires à ce moment-là, ou simplement ce n'est pas encore le bon moment pour lui. Il se peut que nous soyons trop en avance, trop optimistes ou trop visionnaires, et cela peut nous jouer des tours.

J'ai souvent vécu cette situation. En me connectant à l'âme de l'autre, je m'attachais à cette partie lumineuse que je percevais, et je refusais de voir autre chose. C'était plus beau, plus aligné avec ma vision du monde, et je ne voulais pas changer de perspective. Mais la vie, le quotidien et les limites concrètes de l'autre m'ont rapidement montré que je faisais fausse route. La personne que je voyais n'était pas prête à incarner ce que je percevais, ou n'avait tout simplement pas envie de le faire. J'ai dû apprendre à reconnaître que ce n'était pas aligné, et à ne plus perdre de temps dans ces situations.

Développer son intuition, c'est aussi savoir quand lâcher

Développer son intuition, c'est aussi comprendre ce fonctionnement : reconnaître quand l'autre n'est pas prêt, quand ce n'est pas son choix, et l'accepter. Cela permet d'avancer plus rapidement, sans s'attacher à des illusions. « Tu n'es pas prêt ? Tu n'as pas envie ? Très bien, je continue ma route, et toi la tienne. » Cette prise de conscience est essentielle pour ne pas s'épuiser inutilement dans des relations ou des situations qui ne correspondent pas à la réalité du moment.

L'intuition, bien utilisée, nous aide à voir au-delà des apparences, mais elle doit aussi être ancrée dans le présent et la réalité de l'autre. Savoir reconnaître ce décalage entre ce que l'on perçoit et ce que l'autre est capable d'incarner nous permet de respecter notre propre énergie et de ne pas nous perdre dans des projections qui ne sont pas alignées avec la vérité du moment.

Le véritable enjeu, c'est d'apprendre à ajuster notre perception, sans renier notre intuition mais en l'utilisant d'une manière qui respecte la réalité présente. Pas évident ! Cela ne veut pas dire qu'il faut cesser de voir le potentiel chez l'autre, mais plutôt de savoir quand arrêter de nourrir cet espoir. C'est accepter que l'autre soit sur son propre chemin, avec ses propres choix, son propre rythme, et que parfois, nous ne sommes pas là pour l'accompagner jusqu'à cette version idéale, mais juste de passage.

Cela demande une forme de maturité émotionnelle. Une fois que nous avons pris conscience de cette tendance à idéaliser, il devient plus facile de maintenir un équilibre sain dans nos relations. Nous pouvons apprécier ce que nous percevons chez l'autre sans forcément nous y accrocher. C'est là que la véritable force de l'intuition se révèle : elle nous aide à comprendre les potentiels, mais aussi à lâcher prise lorsque cela est nécessaire.

Ce lâcher-prise est essentiel non seulement pour nous protéger de la déception, mais aussi pour honorer notre propre chemin. En acceptant que certaines personnes ne répondront jamais à cette image que nous avons d'elles, nous libérons de l'espace pour des relations plus authentiques et alignées. Des relations où la réalité est prise en compte, où l'autre est accepté tel qu'il est, sans l'attente d'une transformation future.

L'intuition comme miroir de soi-même

Et en allant encore plus loin dans cette réflexion, on se rend compte que cette capacité à percevoir le potentiel chez l'autre reflète aussi ce que nous sommes capables de voir en nous-mêmes. Si nous avons cette vision du potentiel chez autrui, c'est souvent parce que nous sommes nous-mêmes en chemin, à la recherche de notre propre pleine réalisation. L'intuition devient alors non seulement un outil pour mieux comprendre les autres, mais aussi un miroir pour mieux nous comprendre.

Savoir reconnaître quand nos attentes ne sont plus alignées avec la réalité nous aide à rester centrés, à ne pas nous perdre dans des illusions. Cela ne signifie pas qu'il faille renoncer à notre optimisme ou à notre vision élevée du monde, mais plutôt qu'il faut l'utiliser de manière constructive. Il s'agit d'accepter que tout ne se réalisera pas toujours comme nous l'espérions, et de trouver la beauté dans ce qui est, ici et maintenant.

En développant cette lucidité, nous enrichissons notre intuition. Elle devient alors un véritable guide, non plus seulement pour voir ce qui pourrait être, mais aussi pour accepter ce qui est, dans toute sa simplicité et sa vérité. Au final, l'intuition, quand elle est bien utilisée, nous permet de trouver l'harmonie entre nos rêves, nos visions et la réalité concrète des relations humaines.

L'exemple de Julia et son « ange »

Julia est venue me voir un jour pour parler d'Olivier, un homme qu'elle venait de rencontrer et qui l'avait profondément marquée. Dès leur première rencontre, elle avait ressenti une connexion intense, presque inexplicable, comme si elle le connaissait déjà. Cette sensation de familiarité et d'évidence, la dépassait, mais elle la trouvait fascinante. Elle avait, sans savoir pourquoi la vision d'Olivier en ange avec la sensation qu'il avait atteint un niveau de conscience élevé.

Un jour, Olivier lui a montré un de ses dessins. Parmi tous, l'un d'eux a particulièrement touché Julia. Il représentait un ange lumineux. Olivier lui a confié que cet ange symbolisait l'homme qu'il rêvait de devenir, la version idéale de lui-même.

Ce qui a bouleversé Julia, c'est que cet ange était exactement l'image qu'elle avait intuitivement perçue de lui lors de leur première rencontre. Sans jamais lui en parler, elle avait déjà « vu » cette version idéale d'Olivier et pour elle c'était lui tel qu'il était. Mais c'est là que résidait la difficulté. Julia ne voyait pas Olivier tel qu'il était dans l'instant présent, avec ses forces, mais aussi ses failles et ses contradictions. Elle voyait son potentiel, la meilleure version de lui-même, qu'il n'était pas.

Cette vision a influencé son regard et son jugement. Elle projetait sur lui des qualités et une profondeur qu'il n'avait pas encore incarnées. Ce qu'elle ressentait était vrai d'une certaine manière, mais pas sur le plan de la réalité et rien ne garantissait qu'Olivier deviendrait un jour cet ange qu'il avait dessiné. Rien ne disait qu'il ferait les choix nécessaires pour atteindre cette version idéale de lui-même. Et c'est là toute la subtilité et la complexité de l'intuition relationnelle : elle peut révéler le potentiel d'une personne, mais ce potentiel n'est pas une certitude. Il reste une possibilité, et tout dépend des choix et du chemin de chacun. Julia a compris que ce qu'elle voyait en Olivier n'était pas la réalité, mais un futur incertain qui, peut-être, ne se réaliserait jamais.

C'est cette subtilité qui rend l'intuition dans les relations si délicate. L'intuition peut nous montrer ce qui est possible, mais elle ne garantit pas que cette possibilité devienne réalité. Elle peut nous pousser à voir le meilleur chez l'autre, mais elle nous invite aussi à rester lucide sur le moment présent, à accepter que ce que l'on perçoit ne se manifestera peut-être jamais. Julia a dû apprendre à faire cette distinction, à voir Olivier non pas seulement à travers le prisme de son potentiel, mais tel qu'il était vraiment, dans le présent.

Exercice

Se libérer des attentes

Cet exercice vous invite à explorer vos attentes dans une relation et à comprendre ce qui se cache derrière elles. L'objectif est de vous poser les bonnes questions pour clarifier vos comportements, identifier vos besoins et avancer avec plus de légèreté dans vos relations.

Étape 1. Identifiez une relation où vous projetez des attentes.

Prenez un moment pour réfléchir à une relation particulière. Cela peut être une relation actuelle ou passée, avec un ami, un partenaire, un collègue ou un membre de votre famille.

Posez-vous cette question simple : Dans cette relation, qu'est-ce que j'attendais ou qu'est-ce que j'attends encore ?

Notez toutes les réponses qui vous viennent à l'esprit, par exemple :

- J'attends que l'autre me comprenne sans que j'aie à m'expliquer.
- Je pensais que l'autre devait toujours être là pour moi.
- J'espérais que l'autre changerait pour mieux me correspondre.

Étape 2. Explorez les raisons derrière vos attentes.

Maintenant que vous avez identifié vos attentes, prenez le temps de comprendre pourquoi elles existent. Répondez à ces questions :

- Pourquoi est-ce que j'attends cela de cette personne ?
- Est-ce lié à un besoin profond, comme le besoin d'être aimé, soutenu ou compris ?

- ▷ Ai-je déjà ressenti un manque similaire dans une autre relation ou dans mon passé ?
- ▷ Est-ce que cette attente est réaliste ?
- ▷ Cette personne est-elle capable de répondre à cette attente ?
- ▷ Est-ce que cette attente reflète ce que je voudrais pour moi-même, plutôt que ce que l'autre peut vraiment offrir ?
- ▷ Comment je réagis quand cette attente n'est pas comblée ?
- ▷ Est-ce que je ressens de la frustration, de la tristesse, ou de la colère ?
- ▷ Est-ce que cela crée des tensions dans la relation ?

Étape 3. Comprenez ce qui vous pousse à ce comportement.

Pour aller plus loin, posez-vous cette question essentielle : Qu'est-ce que cette attente dit de moi ?

Réfléchissez à :

- ▷ Vos peurs : Ai-je peur de ne pas être assez important si cette personne ne comble pas mes attentes ?
- ▷ Vos besoins non exprimés : Ai-je clairement dit ce que j'attendais, ou ai-je supposé que l'autre le comprendrait ?
- ▷ Vos blessures passées : Est-ce que cette situation réveille une ancienne douleur ou un souvenir ?

Étape 4. Reformulez vos attentes.

Prenez une des attentes que vous avez identifiées et transformez-la en une affirmation plus équilibrée.

Par exemple :

- ▷ Attente initiale : J'attends qu'il sache toujours ce dont j'ai besoin sans que je le dise.

- ▷ Reformulation : Je choisis de communiquer clairement mes besoins, car l'autre ne peut pas toujours deviner ce que je ressens.
- ▷ Attente initiale : J'espérais qu'il change pour mieux me correspondre.
- ▷ Reformulation : J'accepte cette personne telle qu'elle est et je décide si cela correspond à mes valeurs.

Étape 5. Posez une intention pour l'avenir.

Pour clôturer cet exercice, fixez-vous une intention simple qui vous permettra d'aborder vos relations avec plus de sérénité. Par exemple :

- ▷ Je m'engage à exprimer mes besoins clairement sans attendre que l'autre les devine.
- ▷ Je choisis de libérer cette personne des attentes irréalistes que je projetais sur elle.
- ▷ Je décide de m'aimer et de me comprendre davantage, plutôt que de chercher cette validation à l'extérieur.

À retenir : vos attentes en disent long sur vous-même.

Cet exercice vous aide à voir que derrière chaque attente se cache une part de vous-même à explorer. En comprenant vos besoins, vos peurs et vos blessures, vous pouvez ajuster vos comportements pour créer des relations plus authentiques et équilibrées. Vous ne renoncez pas à vos désirs, mais vous apprenez à les exprimer et à accepter que l'autre ne pourra pas toujours y répondre. Et c'est là que résident votre liberté et l'écoute de votre intuition.

L'intuition relationnelle face aux cinq blessures de l'âme

Nos blessures de l'âme - trahison, rejet, abandon, humiliation et injustice - influencent notre manière de ressentir et d'interpréter les relations. L'intuition, qui capte des signaux subtils, peut être une précieuse alliée pour naviguer dans nos interactions. Mais notre mental, souvent teinté par nos blessures, vient parfois brouiller ces ressentis en projetant des croyances limitantes. Chaque blessure active des doutes ou des distorsions qui nous empêchent de faire pleinement confiance à notre intuition.

Voici comment ces blessures influencent votre intuition et ce que le mental vous souffle pour vous en détourner.

La blessure de rejet : « Prends ta place, tu as le droit d'exister »

Votre mission : oser exister et vous affirmer

Si vous portez la blessure de rejet, votre mission est d'apprendre à prendre votre place, à vous affirmer sans crainte et à vous sentir légitime dans vos relations. Vous êtes venu pour expérimenter et dépasser la peur de disparaître ou de ne pas être assez bien. Votre intuition, dans ce cadre, est une alliée puissante : elle capte les dynamiques relationnelles, les zones de distance ou de déconnexion. Vous êtes en quelque sorte un détecteur de « déconnexion humaine ». Cependant, tant que la blessure de rejet n'est pas apaisée, votre mental prend le dessus, semant doutes et insécurités.

Ce que l'intuition nous fait comprendre

Votre intuition capte les nuances : un regard qui évite le vôtre, une phrase maladroite, une énergie distante. Elle vous alerte sur des moments où l'autre pourrait être moins présent ou engagé. Ces signaux, en eux-mêmes, ne sont ni bons ni mauvais ; ils sont une invitation à explorer la relation ou votre propre ressenti.

Ce que le mental influencé par la blessure de rejet dit

- Tu n'as pas ta place ici, personne ne te remarque.
- Si tu t'exprimes, tu vas déranger ou être rejeté.
- Tu es nul, ce n'est pas la peine d'essayer.

Votre mental, influencé par cette blessure, adore amplifier ces signaux pour vous convaincre de rester en retrait. Il vous pousse à fuir, à minimiser votre présence ou à vous effacer, renforçant ainsi la sensation de ne pas exister.

Exemple de déséquilibre

Imaginons que vous êtes dans une réunion de travail. Votre intuition capte que votre point de vue pourrait apporter une solution utile. Mais votre mental intervient :

- Non, ton idée est sûrement mauvaise.
- Ils vont te trouver ridicule si tu parles.

Résultat ? Vous restez silencieux et l'opportunité de contribuer s'évanouit, renforçant votre sentiment d'inexistence.

Le double piège de la blessure de rejet

- **Minimiser votre importance :** vous vous persuadez que vos idées ou vos ressentis n'ont pas de valeur, vous empêchant de vous affirmer ou d'occuper l'espace que vous méritez.
- **Fuir pour éviter le rejet :** par peur de ne pas être accepté, vous adoptez une stratégie de fuite ou d'effacement, créant un cercle vicieux où votre absence est perçue comme un manque d'intérêt par les autres.

Exercice

Comment réconcilier intuition et mental avec la blessure de rejet

1. Apprenez à valider vos ressentis

- ▷ Quand un doute surgit, notez ce que vous ressentez : J'ai l'impression qu'il est distant.
- ▷ Demandez-vous ensuite : Est-ce un fait ou une interprétation ?

Votre intuition est calme, subtile et non intrusive. Elle se manifeste comme une petite voix intérieure ou un ressenti clair. En revanche, la peur, issue de votre mental, est souvent bruyante, stressante et chargée d'émotions.

Quand un doute apparaît, posez-vous cette question : Est-ce une sensation paisible ou une pensée chargée de stress ?

Si c'est le stress qui domine, il est probable que votre mental soit à l'œuvre.

2. Travaillez sur vos croyances limitantes

La blessure de rejet s'accompagne souvent de croyances comme :

- ▷ Je ne mérite pas d'être vu ou entendu.
- ▷ Je vais déranger si je prends la parole.

Exercice de phrases d'équilibrage :

- ▷ Je demande l'équilibre entre la croyance que je ne mérite pas d'être vu et la certitude que ma présence est précieuse.
- ▷ Je demande l'équilibre entre la peur de déranger et la capacité de m'exprimer librement.

3. Osez occuper l'espace

Un des plus grands défis avec la blessure de rejet est d'oser prendre sa place.

Exercice :

Lors d'une interaction, essayez de vous exprimer, même brièvement. Dites-vous :

- ▷ Mon avis compte, je mérite de participer.
- ▷ Je peux être moi-même sans chercher à être parfait.

4. Renforcez votre sécurité intérieure

Avec la blessure de rejet, la peur de disparaître est souvent liée à un manque de sécurité intérieure. Plus vous vous sentez ancré, moins vous aurez besoin de chercher une validation extérieure.

Exercice :

- ▷ Pratiquez des moments d'ancrage : asseyez-vous confortablement, avec les pieds bien ancrés dans le sol, et respirez profondément. Visualisez-vous comme un arbre, avec des racines solides qui vous relient à la terre.
- ▷ Dites-vous : Je suis présent, ma place est légitime.

5. Apprenez à communiquer vos ressentis

La blessure de rejet peut pousser à taire ses besoins ou ses émotions. Pourtant, exprimer ce que vous ressentez est essentiel pour des relations équilibrées.

Exemple : plutôt que de penser Je vais rester silencieux, ils ne veulent pas m'écouter, essayez « J'ai ressenti un peu de distance ces derniers temps, et j'aimerais qu'on en parle ».

Réconciliez-vous avec l'imperfection

La blessure de rejet pousse souvent à chercher une perfection impossible pour éviter tout jugement. Mais pour réconcilier votre intuition et votre mental, acceptez que vous n'avez pas besoin d'être parfait pour être légitime.

Exemple d'affirmation :

- ▷ Je suis assez, même avec mes imperfections.
- ▷ Je peux m'affirmer sans craindre le rejet.

Conclusion : oser exister pleinement

Réparer la blessure de rejet, c'est apprendre à vous valider, à prendre votre place et à reconnaître votre légitimité dans vos relations. Votre intuition est un guide précieux pour comprendre les dynamiques relationnelles, mais elle a besoin d'un mental apaisé pour s'exprimer pleinement. Petit à petit, en vous autorisant à exister et à vous affirmer, vous transformez cette blessure en une force, découvrant que vous avez toujours eu votre place, exactement comme vous êtes.

La blessure d'abandon : apprendre à dire non pour dire oui à soi-même

Votre mission : apprendre à être indépendant sans crainte de la solitude

Si vous portez la blessure d'abandon, votre mission est d'apprendre à trouver vos propres ressources et à être votre pilier, même quand les autres ne sont pas là. Ce n'est pas facile, surtout quand le besoin de fusion et de présence est si fort. Votre intuition capte rapidement les signes d'éloignement ou de désengagement dans vos relations, souvent bien avant que cela devienne évident. Cependant, tant que la blessure d'abandon n'est pas apaisée, votre mental se transforme en une alarme constante, dramatisant vos ressentis et vous poussant à agir de manière excessive pour combler ce vide.

Ce que l'intuition nous fait comprendre

Elle perçoit quand quelqu'un devient moins disponible ou semble préoccupé.

Par exemple, vous sentez que votre partenaire est un peu moins attentif ces derniers temps. Votre intuition capte cette distance comme une invitation à explorer ce qui se passe, à poser des questions ou à prendre du recul.

Ce que le mental influencé par la blessure d'abandon dit

- Tu vas te retrouver tout seul, c'est sûr !
- Il faut que tu fasses tout pour qu'il reste près de toi.
- Tu dois te sacrifier, sinon les autres partiront.

Votre mental, sous l'influence de la blessure, déforme vos ressentis en scénarios catastrophes. C'est le roi du drama ! Il vous pousse à surinvestir dans les relations ou à accepter des situations qui ne vous respectent pas, juste pour ne pas être seul.

Exemple de déséquilibre

Imaginons que votre meilleur ami tarde à répondre à vos messages. Votre intuition capte qu'il ou elle est occupé ou traverse une période difficile. Mais votre mental s'emballe :

- Il m'ignore, il ne veut plus de moi dans sa vie.
- Je dois insister pour savoir ce qui se passe, sinon je vais perdre cette amitié.

Résultat ? Vous envoyez plusieurs messages ou faites des efforts démesurés pour attirer son attention, ce qui peut créer de la tension et pousser l'autre à s'éloigner encore plus.

Le double piège de la blessure d'abandon

- **Vouloir être tout pour l'autre :** vous cherchez à combler tous les besoins de l'autre, quitte à vous oublier, dans l'espoir de ne pas être abandonné.
- **Accepter des situations déséquilibrées :** vous avez du mal à poser des limites ou à dire non, par peur que l'autre vous tourne le dos. Cela peut vous amener à des relations déséquilibrées où vous vous sentez épuisé et vidé.

Exercice

Comment réconcilier intuition et mental avec la blessure d'abandon

1. Apprenez à valider vos ressentis

La blessure d'abandon vous pousse à douter de vos intuitions, à chercher constamment une validation extérieure. Pour rééquilibrer votre intuition, commencez par reconnaître vos ressentis comme valides, même si vous n'êtes pas sûr qu'ils soient exacts.

Exercice :

Quand une peur d'abandon surgit, posez-vous ces questions :

▷ Qu'est-ce que je ressens vraiment ?

▷ Est-ce une intuition calme ou une pensée anxieuse ?

Exemple : si vous sentez qu'une personne devient distante, dites-vous C'est OK de ressentir cela, mais cela ne veut pas dire que je vais être abandonné.

2. Travaillez sur vos croyances limitantes

La blessure d'abandon s'accompagne souvent de croyances comme :

▷ Je ne peux pas vivre sans les autres.

▷ Si je pose des limites, on va m'abandonner.

Exercice de phrases d'équilibrage :

▷ Je demande l'équilibre entre la croyance que je ne peux pas vivre sans les autres et la certitude que je peux me suffire à moi-même.

- ▷ Je demande l'équilibre entre la peur d'être abandonné et la confiance que je suis capable de construire des relations solides.

3. Apprenez à dire non sans culpabilité

Dire non est essentiel pour établir des relations équilibrées. Cela ne signifie pas rejeter l'autre, mais simplement vous respecter.

Exercice :

- ▷ Identifiez une situation où vous avez du mal à poser des limites.
- ▷ Préparez une phrase simple pour dire non avec bienveillance :
  - « Je comprends ton besoin, mais je ne peux pas m'engager là-dessus. »
  - Observez comment cette simple affirmation peut vous libérer.

4. Renforcez votre autonomie émotionnelle

La blessure d'abandon vous pousse à chercher du réconfort chez les autres. Mais renforcer votre autonomie émotionnelle peut transformer cette dynamique.

Exercice :

- ▷ Chaque jour, offrez-vous un moment de réconfort en solo :

  Une activité que vous aimez.

Un moment de calme pour méditer ou écrire vos ressentis.

- ▷ Dites-vous :
  - Je peux m'apporter ce dont j'ai besoin.

5. Exprimez vos attentes avec clarté

La peur de l'abandon peut vous pousser à éviter de dire ce que vous attendez des autres, par peur de les faire fuir. Pourtant, exprimer vos besoins est essentiel pour construire des relations saines.

Exemple : plutôt que de penser Je ne vais rien dire, ils vont s'éloigner si j'exprime mes attentes, essayez « J'aimerais qu'on passe plus de temps ensemble, cela me ferait plaisir ».

Réconciliez-vous avec la solitude

La blessure d'abandon amplifie souvent la peur de la solitude. Mais apprendre à voir la solitude comme une opportunité, plutôt qu'une menace, peut vous aider à guérir.

Exercice :

▷ Planifiez un moment de solitude intentionnelle dans votre semaine :

- Lisez un livre inspirant.
- Faites une balade seul en pleine nature.
- Essayez une activité créative qui vous fait plaisir.

▷ Dites-vous : La solitude n'est pas une punition, c'est un espace pour me retrouver.

Conclusion : oser être là pour soi-même

Réparer la blessure d'abandon, c'est apprendre à être votre propre pilier, à poser des limites sans peur et à combler vos besoins émotionnels sans dépendre uniquement des autres. En équilibrant votre intuition et votre mental, vous découvrirez que votre présence, à vous-même et aux autres, est un cadeau précieux. Vous réaliserez que vous êtes complet en vous-même, et que les relations, loin d'être un refuge contre la solitude, deviennent un espace d'échange et de richesse mutuelle.

La blessure d'humiliation : apprendre à s'aimer et à se libérer

Votre mission : vous sentir digne de vos besoins et libre de les exprimer

Si vous portez la blessure d'humiliation, votre mission est d'apprendre à vous aimer et à reconnaître que vos besoins sont légitimes. Cette blessure, souvent accompagnée d'un sentiment de honte ou d'indignité, pousse à s'oublier pour se consacrer aux autres. Mais pour guérir, il faut apprendre à poser vos valises, à vous accorder autant de valeur qu'aux autres, et à vous autoriser à être libre, sans peur de vous perdre. Votre intuition est un allié précieux dans ce cheminement. Elle capte subtilement vos vrais besoins et vous guide vers des relations et des situations qui vous respectent. Mais tant que la blessure d'humiliation n'est pas apaisée, votre mental s'interpose, amplifiant la honte et minimisant vos ressentis.

Ce que l'intuition nous fait comprendre

Tu mérites d'être heureux ou Ce moment est fait pour toi. Elle vous guide vers des choix qui honorent vos besoins et vos envies. Elle capte aussi les relations ou les situations où vous portez un poids excessif, vous invitant à relâcher la charge.

Par exemple, vous ressentez que vous avez besoin d'une pause après une journée éprouvante, mais votre blessure d'humiliation vous pousse à continuer pour ne pas « gêner » les autres. Votre intuition, elle, vous souffle : *Pose-toi, recharge tes batteries.*

Ce que le mental influencé par la blessure d'humiliation dit :

- Tu ne mérites pas d'être prioritaire, d'autres ont plus besoin que toi.
- Si tu demandes, tu vas déranger.
- Mieux vaut t'occuper des autres pour ne pas penser à toi-même.
- Être libre, c'est dangereux, tu pourrais te perdre ou perdre les autres.

Votre mental, influencé par la blessure, déforme vos intuitions en peurs et en croyances limitantes. Il minimise vos besoins et vous pousse à porter toujours plus sur vos épaules, tout en vous enfermant dans un cercle de honte et d'autosacrifice.

Exemple de déséquilibre

Imaginons que vous sentez un besoin de solitude pour vous ressourcer après une semaine chargée. Votre intuition vous guide vers un week-end au calme. Mais votre mental intervient :

- Et les autres ? Ils vont se sentir abandonnés si tu pars !
- Tu n'as pas le droit de prendre du temps pour toi, il y a trop à faire.

Résultat ? Vous renoncez à vos besoins, restez à disposition des autres, et finissez épuisé et frustré.

Le double piège de la blessure d'humiliation

- **S'oublier pour les autres :** vous vous consacrez aux besoins des autres pour ne pas penser aux vôtres, car vous avez intégré que vous n'êtes pas assez important.
- **Avoir peur de la liberté :** l'idée même d'être libre de vos choix ou de vos envies peut provoquer de l'angoisse. Vous préférez rester dans des cadres rigides ou des obligations pour éviter de vous confronter à vos propres désirs.

Exercice

Comment réconcilier l'intuition et le mental avec la blessure d'humiliation

1. Reconnaissez vos besoins sans culpabilité

La blessure d'humiliation pousse à ignorer ou à minimiser vos besoins pour privilégier ceux des autres. Pour rééquilibrer votre intuition, commencez par valider ce que vous ressentez.

Exercice :

Quand un besoin émerge, posez-vous ces questions :

- ▷ Qu'est-ce que je ressens en ce moment ?
- ▷ Est-ce un besoin qui peut m'apporter de la joie ou du réconfort ?

Exemple : si vous ressentez le besoin de prendre du temps pour vous, dites-vous *Ce besoin est légitime, je ne dérange personne en m'écoutant.*

2. Travaillez sur vos croyances limitantes

La blessure d'humiliation s'accompagne souvent de croyances comme :

- ▷ Je ne mérite pas d'être libre.
- ▷ Si je m'écoute, je vais décevoir les autres.

Exercice de phrases d'équilibrage :

- ▷ Je demande l'équilibre entre la croyance que je ne mérite pas d'être prioritaire et la certitude que mes besoins sont importants.
- ▷ Je demande l'équilibre entre la peur de déranger et la liberté d'exprimer mes envies.

3. Apprenez à dire oui à vous-même

Dire oui à vos besoins est une étape essentielle pour sortir du schéma de l'autosacrifice.

Exercice :

- ▷ Identifiez une situation où vous vous êtes oublié pour les autres.
- ▷ Engagez-vous à vous dire oui la prochaine fois, même si cela vous met un peu mal à l'aise.

Par exemple : Je vais passer du temps avec mes amis parce que j'en ai envie et que ça me fait du bien.

4. Exprimez vos besoins avec douceur

La peur de déranger peut vous empêcher de dire ce dont vous avez besoin. Mais exprimer vos envies de manière simple et bienveillante est libérateur.

Exemple : plutôt que de penser *Je ne vais pas demander, ça va les embêter*, dites « Je ressens le besoin de faire une pause. Est-ce que vous pourriez m'aider à dégager un peu de temps ? ».

5. Renforcez votre autonomie émotionnelle

Apprendre à être là pour vous-même, sans attendre la reconnaissance ou l'approbation des autres, est une clé pour guérir cette blessure.

Exercice :

- ▷ Chaque jour, offrez-vous un moment rien qu'à vous :
  - Prenez un bain relaxant.

- Écrivez vos pensées dans un carnet.
- Préparez votre plat préféré juste pour vous.

Dites-vous : *Je mérite ce moment, et cela n'enlève rien à ce que je donne aux autres.*

6. Réconciliez-vous avec la liberté

La blessure d'humiliation peut rendre la liberté effrayante, comme si elle risquait de vous éloigner des autres ou de vos repères. Mais la liberté est une force, pas un danger.

Exercice :

▷ Planifiez un moment où vous faites quelque chose pour vous, sans consulter qui que ce soit.

▷ Cela peut être :

- Une balade improvisée.
- Un après-midi à ne rien faire.
- Une activité créative qui vous inspire.

Rappelez-vous que la liberté n'est pas une fuite, mais un espace où vous pouvez exister pleinement.

Conclusion : s'aimer, c'est se libérer

Réparer la blessure d'humiliation, c'est reconnaître que vous êtes digne d'amour, de respect et de liberté. En apprenant à écouter vos besoins, à poser des limites et à embrasser votre valeur, vous découvrez que la honte n'a plus sa place dans votre vie. Vous réalisez que vous pouvez être là pour vous-même, tout en étant pleinement présent pour les autres. Vous devenez libre d'être vous, sans culpabilité ni crainte de déranger.

La blessure de trahison : apprendre à lâcher prise et à faire confiance

Votre mission : faire confiance aux autres et à la vie

Si vous portez la blessure de trahison, votre mission est d'apprendre à lâcher prise et à déléguer, tout en acceptant que vous ne pouvez pas tout contrôler. Cette blessure, souvent marquée par un masque de contrôle et des attentes élevées envers les autres, peut vous pousser à toujours vouloir tout faire seul. Vous voulez prouver que vous êtes fort, mais, en réalité, cette force apparente cache une peur profonde : celle de la trahison ou de la séparation. Votre intuition capte les signaux qui indiquent si une situation ou une personne est digne de confiance. Mais tant que votre blessure de trahison n'est pas apaisée, votre mental vient semer le doute et amplifier vos peurs, transformant vos ressentis intuitifs en scénarios catastrophes.

Ce que l'intuition nous fait comprendre

Votre intuition capte rapidement les incohérences et les manques d'engagement chez les autres. C'est une force qui vous permet de percevoir les dynamiques relationnelles, même celles que les autres ne voient pas. Par exemple, vous ressentez qu'un collègue n'est pas totalement aligné avec un projet ou qu'un partenaire n'est pas totalement sincère. Votre intuition vous pousse à observer, à poser des questions et à anticiper des comportements qui pourraient poser problème.

Ce que le mental influencé par la blessure de trahison dit

Votre mental transforme des signaux subtils en vérités absolues, vous enfermant dans une boucle de méfiance et de contrôle

- On ne peut faire confiance à personne.
- Si tu ne contrôles pas tout, tout va s'écrouler.
- Si tu lâches prise, tu seras déçu ou trahi.
- Si les autres ne te reconnaissent pas, c'est que tu ne fais pas assez.

Exemple de déséquilibre

Imaginons que vous travaillez sur un projet en équipe. Votre intuition capte qu'un membre du groupe n'a pas compris une partie de sa tâche. Plutôt que d'ouvrir un dialogue pour clarifier, votre mental s'emballe :

- Il va saboter tout le projet, je le savais.
- Je dois tout revoir moi-même, sinon ça va mal finir.

Résultat : vous prenez tout en charge, au risque de vous épuiser, et vous créez des tensions en donnant l'impression que vous ne faites pas confiance aux autres.

Le double piège de la blessure de trahison

- **Trop en attendre des autres :** vous placez des attentes élevées sur les autres, espérant qu'ils soient irréprochables. Mais à la moindre erreur ou incohérence, vous ressentez une profonde déception, qui renforce votre méfiance.
- **Vouloir tout contrôler :** pour éviter toute trahison, vous essayez de tout planifier et contrôler. Mais cela vous prive de moments de spontanéité et de confiance, et vous éloigne des expériences authentiques.

Exercice

Comment réconcilier l'intuition et le mental avec la blessure de trahison

1. Reconnaissez vos ressentis sans chercher à tout contrôler

Prenez le temps de distinguer l'intuition du mental.

Exercice :

Quand un doute surgit, posez-vous ces questions :

▷ Est-ce un fait ou une interprétation ?

▷ Mon ressenti est-il calme ou chargé d'émotions ?

Exemple : si vous sentez qu'une personne manque d'engagement, dites-vous Je peux observer cette situation sans tout prendre en charge immédiatement.

2. Travaillez sur vos croyances limitantes

La blessure de trahison peut ancrer des croyances comme :

▷ Si je ne fais pas tout moi-même, ça va échouer.

▷ Personne n'est digne de confiance.

▷ Je ne suis pas assez reconnu pour mes efforts.

Exercice de phrases d'équilibrage :

▷ Je demande l'équilibre entre la croyance que je dois tout contrôler et la certitude que je peux déléguer et faire confiance.

▷ Je demande l'équilibre entre la peur d'être trahi et la capacité à accueillir les erreurs des autres sans jugement.

3. Pratiquez l'autovalidation

Avec la blessure de trahison, il est fréquent de chercher une reconnaissance extérieure pour apaiser vos peurs. Apprenez à vous valider vous-même, même si les autres ne le font pas.

Exercice :

Quand vous accomplissez quelque chose, prenez un moment pour vous féliciter :

- ▷ J'ai fait de mon mieux, et cela suffit.
- ▷ Je n'ai pas besoin de l'approbation de tout le monde pour savoir que j'ai bien agi.

4. Apprenez à déléguer avec confiance

La peur de la trahison pousse à vouloir tout faire seul, mais cela peut devenir épuisant. Réapprenez à déléguer et à laisser les autres prendre leurs responsabilités.

Exercice :

- ▷ Choisissez une tâche ou une responsabilité que vous pouvez confier à quelqu'un en qui vous avez une certaine confiance.
- ▷ Observez le résultat sans intervenir, même si cela ne correspond pas à vos attentes parfaites.
- ▷ Dites-vous : Je leur fais confiance, et cela me libère pour d'autres choses importantes.

5. Renforcez votre sécurité intérieure

La blessure de trahison ébranle souvent la confiance en soi et en les autres. Renforcer votre sécurité intérieure vous permet de relâcher le contrôle et de vivre avec plus de sérénité.

Exercice :

- ▷ Chaque jour, pratiquez une activité qui vous ancre dans le présent : méditation, marche en pleine nature, ou tout ce qui vous aide à vous sentir en paix avec vous-même.

▷ Dites-vous : Je peux être en sécurité, même si je ne contrôle pas tout.

6. Réconciliez-vous avec l'imprévu

Avec la blessure de trahison, l'incertitude peut être perçue comme une menace. Mais en lâchant prise sur les résultats, vous ouvrez la porte à des expériences riches et inattendues.

Exercice :

▷ Planifiez une activité sans prévoir chaque détail. Par exemple :

- Partez en week-end sans itinéraire précis.
- Laissez quelqu'un d'autre organiser une sortie.

▷ Rappelez-vous que l'imprévu peut aussi être source de plaisir et d'apprentissage.

Conclusion : apprivoisez la confiance

Guérir la blessure de trahison, c'est apprendre à lâcher prise sur ce que vous ne pouvez pas contrôler et à faire confiance, aussi bien à vous-même qu'aux autres. En équilibrant votre intuition et votre mental, vous découvrez que tout ne repose pas sur vos épaules et que déléguer ou accepter les imperfections des autres est libérateur. Vous réalisez que la confiance est un pont, pas un piège, et que vous êtes capable de traverser sans crainte, tout en étant pleinement aligné avec vous-même.

La blessure d'injustice : trouver l'équilibre entre contrôle et vulnérabilité

Votre mission : accepter votre sensibilité et lâcher le perfectionnisme

Si vous portez la blessure d'injustice, vous êtes sans doute une personne rigoureuse, qui aspire à la perfection. Vous voulez que tout soit juste, aligné, et surtout irréprochable. En surface, cela peut sembler être une qualité, mais en réalité cette blessure peut vous couper de vos ressentis et de votre intuition. Pourquoi ? Parce que être sensible ou vulnérable peut donner l'impression de ne pas être assez « parfait ». Vous vous contrôlez pour éviter de montrer vos failles et, surtout, pour ne pas ressentir ce qui pourrait être inconfortable.

Votre intuition, pourtant, est bien là. Elle capte souvent ce qui est déséquilibré, ce qui manque de sincérité ou d'harmonie dans vos relations. Mais votre mental, influencé par la blessure d'injustice, vient brouiller les pistes en vous poussant à tout analyser, à tout contrôler et à nier vos propres besoins.

Ce que l'intuition nous fait comprendre

Votre intuition capte les subtilités liées à l'équité et à l'harmonie. Vous ressentez immédiatement si une situation ou une relation est déséquilibrée, si quelqu'un agit de manière injuste ou si quelque chose manque de cohérence. Par exemple, vous pouvez percevoir que dans une réunion, un collègue n'est pas traité avec équité, même si personne ne le remarque.

Mais votre intuition ne s'arrête pas aux injustices extérieures : elle cherche aussi à vous reconnecter à vos propres besoins et émotions. Elle vous dit que vous avez le droit d'être imparfait, de ressentir des choses et de demander de l'aide.

Ce que le mental influencé par la blessure d'injustice dit

Le mental, lui, n'est pas aussi bienveillant. Sous l'influence de cette blessure, il rejette tout ce qui pourrait ressembler à une faille ou à une erreur. Il vous pousse à nier vos ressentis et à vous enfermer dans une logique rigide et froide.

- Si je montre ma sensibilité, on va me juger.
- Je dois être parfait, sinon je perds ma valeur.
- Les émotions, c'est pour les faibles.
- Si je fais une erreur, tout le monde le verra et je perdrai le contrôle.

Votre mental agit comme un gardien qui interdit tout ce qui pourrait révéler votre vulnérabilité. Il préfère vous faire ignorer vos besoins ou minimiser vos ressentis pour maintenir une façade de perfection.

Exemple de déséquilibre

Imaginez que vous préparez une présentation au travail. Votre intuition capte un détail important : une partie de votre projet requiert une relecture ou un avis extérieur. Mais votre mental intervient :

- Si tu demandes de l'aide, tu montreras ton incompétence.
- Ce n'est pas grave, ce détail peut attendre.

Résultat : vous vous isolez, refusez l'aide de vos collègues, et vous vous imposez une pression énorme pour tout gérer seul, au risque de passer à côté de solutions enrichissantes ou même d'un résultat plus équilibré. Par contre, si ça marche, vous serez le plus fort ! Et ça, le mental adore !

Le double piège de la blessure d'injustice

- **Refuser de se faire plaisir :** la blessure d'injustice vous pousse à croire que tout doit être mérité, y compris les plaisirs simples. Vous vous imposez des standards si élevés que vous ne prenez jamais le temps de profiter de vos réussites ou de ce que vous aimez.
- **Nier sa sensibilité :** pour ne pas paraître « faible », vous coupez vos ressentis. Mais en ignorant vos émotions, vous perdez également l'accès à votre intuition, car celle-ci s'exprime souvent à travers vos ressentis.

Exercice

Comment réconcilier l'intuition et le mental avec la blessure d'injustice

1. Apprenez à reconnaître vos ressentis

Quand vous sentez une émotion émerger (colère, tristesse, joie), posez-vous ces questions :

- ▷ Qu'est-ce que je ressens, ici et maintenant ?
- ▷ Est-ce que j'essaie de minimiser ou de nier ce ressenti ?

Exemple : si vous ressentez de la frustration après une interaction, dites-vous *C'est OK de ressentir cela, cela ne fait pas de moi une personne imparfaite ou faible.*

2. Travaillez sur vos croyances limitantes

La blessure d'injustice ancre souvent des croyances comme :

- ▷ Je dois être parfait pour être aimé.
- ▷ Mon bonheur passe après celui des autres.
- ▷ Mon ressenti n'a pas d'importance.

Exercice de phrases d'équilibrage :

- ▷ Je demande l'équilibre entre la croyance que je dois être parfait et la certitude que je peux être aimé tel que je suis.
- ▷ Je demande l'équilibre entre la peur d'être jugé pour mes erreurs et la capacité à accepter mes imperfections.

3. Pratiquez l'autovalidation

Au lieu de chercher à prouver votre valeur par vos actions ou vos résultats, apprenez à vous aimer tel que vous êtes, sans passer par l'action.

Exercice : écrivez vos qualités, ce qui vous semble bien chez vous, mais si vous en avez !

4. Apprenez à demander de l'aide

Demander de l'aide n'est pas un signe de faiblesse, mais un acte de connexion à l'autre. C'est une manière de reconnaître vos limites et de permettre aux autres de vous soutenir.

Exercice :

- ▷ Identifiez une tâche ou une situation où vous pourriez demander un coup de main.
- ▷ Exemple : « Je vais demander à un collègue de relire cette partie de mon travail pour m'assurer qu'elle est claire. »

5. Réconciliez-vous avec vos erreurs

La peur de l'erreur peut vous bloquer et vous obliger à tout contrôler. Mais accepter vos erreurs, c'est aussi ouvrir la porte à l'apprentissage et à la spontanéité.

Exercice :

- ▷ Lorsque vous faites une erreur, écrivez ce que vous avez appris plutôt que de vous juger.
- ▷ Exemple : « Cette présentation n'était pas parfaite, mais j'ai appris à mieux structurer mes idées. J'ai appris à parler en public. »

6. Pratiquez le lâcher-prise sur la perfection

La blessure d'injustice pousse à croire que tout doit être parfait pour avoir de la valeur. En apprenant à lâcher ce besoin, vous permettez à votre intuition de s'exprimer pleinement.

Exercice : chaque semaine, choisissez une tâche où vous acceptez de ne pas viser la perfection :

- ▷ Cuisinez un plat sans suivre la recette à la lettre.
- ▷ Apprenez de nouvelles choses, qui vous mettent hors de votre zone d'habitude.

Réconciliez-vous avec votre sensibilité

La blessure d'injustice vous pousse à cacher votre vulnérabilité, mais la vraie force réside dans votre capacité à l'accepter et à en faire un atout. En reconnectant votre intuition à vos ressentis, vous apprenez à vous faire confiance dans vos relations et à être plus authentique. En relâchant le contrôle et en accueillant vos émotions, vous découvrirez que la perfection n'est pas nécessaire pour être aimé ou respecté. Vous comprendrez que ce sont vos failles que les autres aiment. Votre sensibilité devient alors une force, et vous pouvez avancer en équilibre, à la fois rigoureux (car c'est votre style) et pleinement humain.

Partie 5

L'INTUITION DANS NOS RELATIONS

L'intuition dans nos relations intimes (amicales et amoureuses)

L'intuition est votre alliée quel que soit le type de vos relations. Elle peut vous aider à maintenir vos amitiés tout comme comprendre et utiliser les dynamiques de votre relation amoureuse.

L'amitié intuitive, une dynamique relationnelle

Les relations amicales, c'est un peu comme un jardin : certaines fleurs poussent naturellement, d'autres demandent un peu plus d'entretien, et parfois, il faut savoir arracher quelques mauvaises herbes pour laisser de la place aux fleurs qui comptent vraiment. L'intuition, c'est cet outil magique qui vous aide à naviguer dans tout ça sans perdre de temps à analyser chaque pétale.

Pourquoi l'intuition est cruciale dans vos amitiés

- **Elle capte ce que les mots ne disent pas :** vous savez ce moment où un ami dit « Ça va super ! » avec un sourire forcé et, pourtant, tout en lui vous hurle : *Non, ça ne va pas du tout !* L'intuition capte les vibrations, les non-dits et les émotions cachées. Elle vous pousse à creuser : « Tu es sûr ? Tu veux en parler ? », même quand tout semble normal en surface.
- **Elle détecte les déséquilibres :** si, après chaque interaction avec un ami, vous vous sentez vidé ou agacé, c'est souvent un signe que cette relation n'est plus équilibrée. Votre intuition vous alerte avant même que vous puissiez l'expliquer : *Attention, tu donnes beaucoup, mais qu'est-ce que tu reçois en retour ?*
- **Elle prévient des faux pas :** vous êtes sur le point d'envoyer un message un peu sec ou de réagir impulsivement ? Une sensation étrange dans votre ventre ou une petite voix intérieure pourrait vous dire : *Pas maintenant, respire d'abord.* Écouter ce signal peut éviter des malentendus ou des disputes inutiles.

Comment utiliser l'intuition pour gérer ses amitiés

- **Écoutez vos ressentis en pensant à un ami :** fermez les yeux et imaginez une personne. Observez ce qui se passe dans votre corps. Si vous ressentez de la joie, de la légèreté ou même un sourire spontané, c'est un signe que cette relation est positive. Si, au contraire, une sensation de lourdeur ou d'agacement apparaît, cela mérite réflexion : *Qu'est-ce qui me pèse dans cette amitié ?*
- **Notez les personnes qui reviennent souvent dans vos pensées :** quand quelqu'un revient régulièrement dans votre esprit, ce n'est pas un hasard. Cela peut indiquer qu'il traverse un moment difficile ou que votre lien mérite d'être ravivé. Par exemple, vous pensez à un ancien ami avec qui vous n'avez pas parlé depuis des mois. Pourquoi ne pas suivre votre intuition et envoyer ce fameux message ? Les meilleures amitiés reprennent souvent là où elles s'étaient arrêtées.
- **Observez vos réactions après un échange :** après avoir passé du temps avec un ami, demandez-vous : *Comment je me sens ?* Si vous ressentez de l'énergie, de la motivation ou simplement du

bonheur, c'est une relation qui vous nourrit. Si vous vous sentez vidé ou agacé, l'intuition vous invite peut-être à revoir vos limites ou à poser des questions sur l'équilibre de la relation.

Quelques exemples concrets d'amitié intuitive

- **L'alerte à distance :** vous pensez intensément à un ami et ressentez une sensation d'urgence ou de tristesse. Vous lui envoyez un message, et il répond : « C'est fou que tu m'écrives, je n'allais vraiment pas bien aujourd'hui. » L'intuition capte souvent ce que même les kilomètres ne peuvent effacer.
- **Les retrouvailles :** vous rêvez d'un ancien ami, ou cette personne vous revient régulièrement en tête et, quelques jours plus tard, vous la croisez par hasard. L'intuition agit comme un fil invisible qui reconnecte des âmes alignées.
- **Le déclic en présence d'un nouvel ami :** lors d'une rencontre, vous ressentez une énergie immédiate, comme si cette personne faisait déjà partie de votre vie. Votre intuition vous dit : *C'est quelqu'un qui compte.*

PETITS CONSEILS POUR S'APPUYER SUR VOTRE INTUITION AU QUOTIDIEN

Prenez le temps d'écouter vos ressentis : ne minimisez pas ces petits signaux qui montent en vous, même s'ils semblent irrationnels. Si quelque chose vous gêne ou vous enthousiasme, explorez pourquoi.

Faites confiance à vos instincts pour poser des limites : si une relation devient pesante, votre intuition vous le fera sentir avant votre tête. Écoutez-la et ajustez votre posture : dire non ou prendre de la distance n'est pas un échec, mais une manière de préserver vos liens les plus précieux.

Cultivez les relations qui vous nourrissent : l'intuition est souvent limpide, elle vous montre qui apporte de la joie et de l'équilibre dans votre vie. Investissez dans ces amitiés sans hésiter.

L'intuition : une alerte au début d'une relation

L'intuition en amour, c'est souvent notre meilleur guide... qu'on choisit parfois d'ignorer. Elle nous parle dans les moments où on s'emballe, nous invitant à ralentir, à prêter attention aux signaux que l'autre nous envoie. Mais, au lieu d'écouter ce ressenti, on préfère parfois se dire qu'on est juste « gentil et compréhensif » alors qu'en réalité on a peur de poser des questions qui pourraient bousculer la relation. Prenons l'exemple de la première rencontre, où vous ressentez un petit pincement, une légère tension ou même un inconfort inexpliqué. Ces sensations peuvent surgir lorsqu'il y a une dissonance entre ce que l'autre montre et ce qu'il ou elle cache. Pourtant, face à cette alarme subtile, on préfère parfois la rationaliser : *Peut-être que c'est moi qui stresse.*

La difficulté, c'est que notre intuition capte ce qui se passe au-delà des mots et des apparences. Peut-être que votre partenaire n'est pas prêt à s'engager, ou qu'il cache des parties importantes de lui-même. Mais, au lieu de poser des questions qui pourraient clarifier, nous choisissons souvent d'ignorer les signaux pour ne pas briser la magie des premiers instants. Cette intuition pourrait nous orienter vers des discussions constructives, mais souvent, la peur de « gâcher l'ambiance » nous pousse à laisser ces signaux en suspens. Pourtant, écouter cette intuition peut permettre d'éviter des malentendus et des frustrations futures.

Alice, une belle jeune femme, vient consulter, car elle enchaîne les ruptures et est toujours célibataire à 35 ans. Alice me raconte que ces relations ont duré plusieurs mois voire des années alors que dès le départ elle arrive à sentir ce qui ne va pas, mais elle se voile la face et n'ose pas parler de ses doutes, par peur de ternir la relation. Elle me raconte sa dernière relation, avec Marc. Dès le début, Alice perçoit un léger malaise quand elle aborde les sujets familiaux avec celui-ci. Chaque fois qu'elle évoque son entourage, il esquive. Sa famille ? « Pas très importante, on n'est pas proches. » Ses amis ? « Oh, des histoires compliquées. » Marc reste vague, change de sujet, et finit par orienter la conversation ailleurs, comme si ces questions n'avaient pas de place entre eux. Alice ressent ce décalage, une impression floue que quelque chose cloche. Elle aimerait approfondir, poser les questions qui l'intriguent. Mais elle hésite.

Elle ne veut pas « gâcher » les moments agréables qu'ils partagent et craint que Marc s'éloigne si elle devient trop insistante. Alors, elle fait taire cette petite alerte intérieure et continue à ignorer le sentiment dérangeant qui revient à chaque fois qu'il élude ses questions. Elle continue à rationaliser ces petits signaux, préférant préserver la magie des débuts. Mais à chaque fois qu'elle aborde des sujets un peu plus personnels, elle ressent cette même tension, cette impression que Marc garde une part de lui bien cachée. Quelques mois passent, et les choses évoluent. Alice réalise que Marc semble incapable de s'engager dans leur relation, toujours vague sur ses sentiments et ses intentions. En repensant à ces premiers moments où son intuition l'avait alertée, Alice se rend compte qu'elle avait senti les non-dits dès le début. Son intuition lui avait en quelque sorte montré une « zone d'ombre », un espace caché où Marc ne se sentait pas prêt à s'ouvrir pleinement. En n'écoutant pas ce ressenti initial, elle avait ignoré une information précieuse qui lui aurait permis de poser des questions essentielles plus tôt.

Si Alice avait écouté son intuition et abordé le sujet avec ouverture et bienveillance, elle aurait peut-être mieux compris la situation de Marc dès le départ, voire clarifié ses attentes. Cet exemple montre comment l'intuition, en captant ce qui ne se voit pas toujours, peut nous guider vers des discussions plus sincères, qui pourraient éviter des déceptions à long terme.

En amour, écouter cette petite voix peut être comme une boussole intérieure. Plutôt que de se dire Je dramatise sûrement, il peut être utile d'accueillir ces ressentis pour ce qu'ils sont : des invitations à explorer davantage, pour mieux se comprendre soi-même et comprendre l'autre.

Prendre soin de soi avant de donner tout à l'autre

Naviguer dans une relation tout en respectant ses propres besoins est un équilibre délicat, surtout au début, quand le désir de fusion est souvent très fort. Ce besoin d'être en symbiose avec l'autre peut être sain, à condition que les deux partenaires avancent à un rythme similaire. Mais si par exemple l'un donne tandis que l'autre reste en retrait, un déséquilibre s'installe. Celui qui s'investit entièrement peut se sentir délaissé, tandis que celui qui préfère garder son indépendance risque de se sentir étouffé. Cette dynamique peut vite devenir source de frustration : un partenaire se sent oppressé, l'autre ressent une distance incompréhensible.

C'est ici que l'intuition peut devenir notre meilleur guide en nous murmurant que quelque chose ne tourne pas rond. Vous vous sentez épuisé sans raison, légèrement agité ou même vide après une interaction ? C'est votre boussole intérieure qui vous signale un déséquilibre. Ignorer ces signaux risque d'installer un cercle vicieux où les non-dits s'accumulent et les tensions s'intensifient.

Par exemple, une lourdeur dans la poitrine peut indiquer que vous vous sentez étouffé ou sous pression, tandis qu'un nœud dans l'estomac pourrait signaler de l'insécurité face à des non-dits ou une méfiance latente. Ces ressentis, bien qu'apparemment anodins, sont souvent des indicateurs puissants de ce que votre cœur ou votre esprit essaient de vous dire sur la relation. Ces manifestations physiques, que je développe plus en détail dans la partie 3 « Les messages du corps comme guides intuitifs », sont des outils essentiels pour mieux comprendre vos émotions et prendre des décisions alignées sur vos besoins relationnels. Apprendre à les écouter et à les interpréter peut transformer la manière dont vous vivez vos relations.

Exercice

Repérer les schémas récurrents

Les mêmes sensations reviennent encore et encore ? C'est un signal ! Si à chaque rencontre, vous ressentez agacement, malaise ou frustration, demandez-vous pourquoi. L'intuition utilise cette répétition pour attirer votre attention : il y a un point à clarifier, un besoin à respecter. Faites le point de vos relations passées ou d'une relation actuelle, et regardez si une sensation revenait souvent.

Les relations difficiles et toxiques : des leçons déguisées et le rôle clé de l'intuition

Ah, les relations toxiques... On les connaît bien, celles-là. Ces relations qui nous pompent toute notre énergie, où on se sent souvent vidé, mais curieusement on s'y accroche. Ces relations où, dès le départ, on sent un petit truc qui ne va pas, mais on continue malgré tout. Et pourquoi ? C'est justement la grande question !

Une relation toxique, c'est cette dynamique où, au lieu de se sentir soutenu et épanoui, on se retrouve à patauger dans des tensions, des manipulations, un manque de respect ou une bonne dose de négativité. On se fatigue émotionnellement, on doute de soi, et pourtant on reste, encore et encore. Pourquoi ? Peut-être parce que, malgré tout, il y a quelque chose à apprendre dans cette relation.

Pourquoi ces relations sont dans nos vies ?

Les relations toxiques ne sont pas là juste pour nous torturer, même si ça en donne l'impression parfois. Elles sont comme des miroirs qui nous montrent ce qu'on doit encore travailler en nous. Ces relations viennent pointer du doigt nos blessures non guéries, nos insécurités et nos problématiques inconscientes. En gros, elles nous disent : *Hé, regarde par ici, il y a du boulot à faire sur toi !*

On attire ce genre de relation quand une partie de nous résonne avec cette toxicité. Peut-être qu'on a une faible estime de soi, ou qu'on croit qu'on ne mérite pas mieux. Bref, ces relations viennent nous secouer pour nous pousser à évoluer. Mais une fois qu'on a compris la leçon (et en général, on comprend assez vite !), pourquoi reste-t-on ? Pourquoi s'accroche-t-on à une relation qui nous fait plus de mal que de bien ? C'est là que ça devient intéressant :

1. La peur de l'inconnu : même si c'est toxique, c'est familier. Et le familier, c'est rassurant pour le mental. L'idée de tout quitter et de se retrouver seul peut faire peur. C'est un peu comme rester dans une maison qui prend feu parce qu'on ne sait pas où aller une fois dehors.

2. L'espoir du changement : ah, le bon vieux « L'autre va changer ». On se persuade que l'autre finira par devenir la personne qu'on espère. On voit le potentiel, pas la réalité. Spoiler : ce potentiel reste souvent à l'état de rêve.

3. Le syndrome du sauveur : on croit qu'on peut « sauver » l'autre. On se dit qu'avec un peu de patience et beaucoup d'amour, on arrivera à transformer cette personne. Sauf qu'on ne peut pas sauver quelqu'un qui ne veut pas être sauvé. Ça ne marche pas et ça, on le sait tous.

4. La dépendance émotionnelle ou affective : les relations toxiques sont souvent une montagne russe émotionnelle. Les hauts et les bas créent une sorte d'addiction. Même si c'est épuisant, on s'accroche à ces moments de réconciliation qui nous donnent l'illusion que tout va s'arranger. C'est de l'adrénaline en perfusion, ce petit truc qui nous rend vivants.

Alors comment l'intuition peut-elle nous aider à éviter ces relations pourries ? Eh bien, c'est là qu'elle intervient, votre fameuse petite voix intérieure. Vous savez, celle qui murmure dès le début : *Ouh là, ça ne sent pas bon ici.* Le hic, c'est qu'on a souvent tendance à la faire taire. On se convainc qu'on dramatise, qu'il faut laisser sa chance à l'autre. Pourtant, pendant qu'on se raconte des histoires, l'intuition, elle a déjà vu le mur se rapprocher à toute vitesse.

L'intuition relationnelle, c'est notre garde-fou dans ce genre de situations. Elle est là pour nous donner les signaux d'alerte avant qu'il soit trop tard. Voici comment elle peut nous sauver la mise :

1. Reconnaître les signes tôt : dès les premiers moments, votre intuition vous envoie des petits signes, des frissons, une gêne, une sensation étrange. Au lieu de balayer ça sous le tapis, écoutez-les. Votre corps et votre énergie vous parlent.

2. Prendre du recul : utilisez votre intuition pour prendre du recul et observer la situation avec un œil extérieur. Pourquoi êtes-vous dans cette relation ? Que vient-elle vous enseigner sur vous-même ? Ce n'est pas une question de fuir, mais de comprendre ce que cette relation révèle sur vos propres failles.

3. Poser des limites : l'intuition vous dit quand il est temps de fixer des limites. Elle vous montre quand cette relation devient trop lourde, trop toxique. À ce moment-là, vous avez le pouvoir de dire stop, avant d'être complètement vidé.

4. Se libérer de l'illusion : votre intuition vous aide à voir la réalité, pas l'illusion du potentiel. Elle vous permet de réaliser que rester dans cette relation dans l'espoir que l'autre change est une impasse.

En écoutant votre intuition, vous vous donnez la chance de vous protéger et de choisir ce qui est vraiment bon pour vous.

Alors, rassurons-nous, toutes les relations difficiles ne sont pas toxiques. Certaines sont simplement... inconfortables. Ces relations ne sont pas là pour vous briser, mais pour vous enseigner quelque chose : poser des limites, affirmer vos besoins ou apprendre la patience.

Comment grandir à travers ces relations ?

1. Identifiez la leçon.

Plutôt que de ruminer, demandez-vous : *Qu'est-ce que cette relation est en train de m'apprendre ?* Une fois que vous avez compris, agissez en conséquence.

2. Évitez le piège de la persistance inutile.

Une relation challengeante n'a pas vocation à durer éternellement. Si vous sentez que vous avez appris ce que vous deviez apprendre, réduisez votre implication ou éloignez-vous. Grandir dans une relation, ce n'est pas s'y enliser.

Exercice

Réfléchir aux relations qui vous ont aidé à grandir

Pour approfondir cette réflexion, je vous propose un exercice simple, mais puissant, pour comprendre comment vos relations ont contribué à votre développement personnel.

Étape 1. Choisissez une relation.

Prenez quelques instants pour réfléchir à une relation marquante dans votre vie. Il peut s'agir d'une relation actuelle ou passée. Cela peut être un parent, un ami, un partenaire amoureux ou un collègue. La personne choisie doit avoir eu un impact significatif sur votre parcours personnel ou émotionnel.

Étape 2. Réfléchissez à l'impact de cette relation.

Posez-vous les questions suivantes :

▷ En quoi cette relation a-t-elle changé votre manière de voir les choses ?

▷ Qu'avez-vous appris sur vous-même grâce à cette relation ?

▷ Cette relation vous a-t-elle aidé à affirmer vos besoins et vos valeurs ?

▷ Avez-vous remarqué des moments où votre intuition vous guidait dans cette relation (que ce soit positivement ou négativement) ?

Étape 3. Connectez-vous à vos ressentis intuitifs.

Fermez les yeux et laissez les souvenirs de cette relation remonter. Qu'avez-vous ressenti intuitivement à ses débuts ? Étiez-vous en confiance ou aviez-vous des doutes que vous avez ignorés ?

Posez des questions à votre intuition :

- ▷ Qu'est-ce que cette relation m'a appris sur moi-même ?
- ▷ Ai-je su écouter mon intuition dans cette dynamique ?
- ▷ Quelles qualités ou leçons ai-je intégrées grâce à cette personne ?

Étape 4. Identifiez les enseignements.

Prenez des notes sur ce que cette relation vous a apporté, même si cela venait de moments difficiles. Votre intuition vous guide pour voir ces leçons avec clarté.

L'intuition dans le monde professionnel

Il est intéressant d'utiliser l'intuition au sein même de notre activité professionnelle, et en premier lieu pour décoder les relations. Cette faculté nous permettra d'évoluer avec plus d'aisance dans nos différentes tâches.

Sentir l'ambiance et éviter les faux pas

Dans le monde professionnel, l'intuition est un véritable atout pour capter ce qui se cache derrière les mots, pour ressentir les dynamiques subtiles et détecter les courants invisibles. Elle permet d'anticiper, de décoder des signaux dans des environnements souvent formels, parfois même compétitifs. La clé, c'est de faire confiance à vos ressentis, de rester attentif et d'apprendre se distancier. Parfois, cela revient à se placer en observateur silencieux, à regarder la scène de l'extérieur. Et si, sur le moment, ce n'est pas possible, prenez le temps de revisiter cet échange, cette réunion, avec une nouvelle perspective.

Demandez-vous : *qu'ai-je ressenti précisément ? Comment cela m'a-t-il affecté ? En repensant à la scène, qu'est-ce qui est plus clair aujourd'hui ? En me plaçant en observateur, comment puis-je ajuster ma position pour aborder la situation avec plus de finesse ? Aujourd'hui, que puis-je faire pour améliorer ou harmoniser les choses ?* Cette capacité à prendre du recul et à analyser vos ressentis vous aidera à ajuster vos actions avec justesse et à renforcer vos relations professionnelles.

Voici dix exemples de situations où l'intuition devient une alliée précieuse dans le cadre professionnel.

Détecter les tensions au sein d'une équipe

Dans une réunion, il arrive qu'un désaccord ne soit pas exprimé, mais que les signes soient là : des regards évités, un silence trop appuyé, un langage corporel fermé. L'intuition vous aide à percevoir cette tension, même si personne n'en parle. En captant ces indices, vous pouvez jouer le rôle de médiateur ou ajuster votre communication pour apaiser l'ambiance et éviter des conflits plus tard.

Sentir l'humeur de son supérieur avant une demande importante

Avant de poser une question décisive ou de demander une promotion, écouter son intuition peut faire toute la différence. Parfois, un léger changement dans le ton ou l'attitude de votre supérieur révèle son état d'esprit. En étant attentif à son humeur, vous pouvez choisir le moment idéal pour présenter vos idées ou formuler vos demandes, augmentant ainsi vos chances de succès. Plutôt que de foncer tête baissée simplement parce que vous avez décidé que c'est aujourd'hui ou jamais, laissez-vous guider par ce ressenti. Parfois, attendre un jour de plus peut transformer la discussion en opportunité.

Détecter un risque de surcharge ou d'épuisement dans son équipe

Lorsqu'on travaille en gestion de projet ou en management, il est important de sentir si un collaborateur commence à être sous pression, même s'il n'en parle pas. Parfois, le regard devient plus distant, les échanges se font plus lents. L'intuition capte ce genre de signaux et vous permet d'intervenir avant qu'il y ait un burn out, en redistribuant les tâches ou en ouvrant un espace d'échange.

Anticiper les réactions face aux changements

Lorsqu'une entreprise traverse une restructuration ou introduit un nouveau projet, les réactions varient : enthousiasme, réticence ou anxiété. Votre intuition peut vous guider pour identifier les soutiens potentiels, repérer les résistances, et ajuster votre communication pour obtenir un meilleur engagement collectif.

Saisir les non-dits en négociation

Les négociations, qu'elles soient avec un client ou un partenaire, ne sont pas seulement une question de chiffres ou de contrats. Elles sont aussi faites de regards, de silences et de subtiles inflexions de voix. En écoutant votre intuition, vous pouvez comprendre des points de tension non formulés, percevoir des hésitations, et ainsi ajuster vos propositions pour arriver à un accord sans forcer la main.

Faire face aux jeux de pouvoir

Dans certains environnements, il y a des jeux d'influence et de pouvoir où chaque mot et chaque geste ont leur importance. L'intuition vous aide à sentir qui détient une influence réelle, qui est stratégique, et qui pourrait chercher à faire dévier certains projets. Elle devient un outil de décryptage qui vous permet de rester aligné tout en évitant les pièges politiques.

Comprendre les attentes implicites d'un client

Lorsqu'un client exprime des besoins, tous ses désirs ne sont pas toujours explicitement formulés. Il y a des attentes non dites, des préférences qu'il n'ose pas ou ne pense pas à partager. L'intuition vous aide à déceler ces attentes implicites en captant les nuances de ses réactions et en ajustant votre réponse pour lui proposer une solution qui dépasse ses espérances. Cette écoute fine permet de construire une relation de confiance durable et de fidéliser le client.

Évaluer le potentiel d'une idée ou d'un projet avant qu'il soit validé

Avant même d'avoir toutes les données chiffrées ou les analyses de marché, l'intuition peut vous aider à sentir si une idée a un potentiel ou non. Cette capacité à « pressentir » la viabilité d'un projet peut vous guider dans la prise de décision, en vous aidant à choisir où investir votre énergie et vos ressources. C'est particulièrement utile dans les environnements innovants où il faut savoir prendre des décisions rapidement.

Savoir quand prendre la parole en réunion

Dans une réunion, il y a souvent des moments où il est stratégique de parler et d'autres où il vaut mieux attendre. L'intuition vous aide à sentir le bon moment pour intervenir, lorsque l'attention est maximale et que votre message sera le mieux perçu. Cela vous permet d'avoir un impact plus fort, de capter l'attention et de rendre vos idées plus mémorables pour les autres participants.

Décoder les signaux d'insatisfaction dans une équipe

Lorsqu'on dirige une équipe, tout le monde n'ose pas toujours exprimer son insatisfaction ou son malaise. Il peut y avoir des signes discrets d'une baisse de motivation, comme un manque d'engagement, des réponses évasives ou une attitude plus fermée. L'intuition vous aide à capter ces signaux faibles avant qu'ils deviennent des problèmes visibles. En étant à l'écoute, vous pouvez réagir en amont, proposer des ajustements ou initier des discussions pour maintenir une ambiance de travail positive.

Savoir se positionner dans un groupe de travail

Se positionner dans un groupe de travail, ce n'est pas seulement une question de compétences ou de statut : c'est un équilibre subtil entre l'affirmation de soi et l'écoute des autres. Dans cet art délicat, l'intuition agit comme une boussole intérieure. Elle vous aide à capter ce qui ne se dit pas, à ressentir les dynamiques invisibles, les affinités, les tensions, et même les attentes implicites des membres de l'équipe. Grâce à elle, vous pouvez ajuster votre place au sein du groupe avec justesse et fluidité.

Dès les premières interactions, votre intuition peut vous souffler des indices précieux : qui semble être le leader naturel, qui préfère soutenir discrètement, qui résiste au changement, ou encore qui choisit de rester en retrait. Ces rôles non dits, souvent imperceptibles au premier abord, deviennent plus clairs si vous prêtez attention à ce que vous ressentez. En captant ces subtilités, vous pouvez ajuster votre posture : parfois, en prenant davantage d'initiative ; d'autres fois, en jouant un rôle plus discret pour soutenir la dynamique.

L'intuition vous aide aussi à choisir le bon moment pour intervenir. Parfois, vous sentirez que l'atmosphère est propice à des idées audacieuses, et c'est là que vous pourrez vous exprimer avec impact. À d'autres moments, il sera plus judicieux de rester observateur, laissant aux autres l'espace pour partager leurs perspectives. Cette capacité intuitive à savoir quand parler et quand écouter montre une grande sensibilité aux besoins du groupe, tout en renforçant votre crédibilité et votre légitimité.

Lorsque des tensions émergent - et elles finissent toujours par émerger dans un groupe -, votre intuition peut devenir un guide pour choisir la meilleure posture. Parfois, elle vous poussera à intervenir en tant que médiateur, désamorçant les conflits avec tact. D'autres fois, elle vous incitera à rester silencieux et à laisser les choses se décanter naturellement. Et parfois encore, elle vous soufflera de recentrer la discussion sur les objectifs communs pour rappeler à chacun pourquoi vous travaillez ensemble.

En écoutant cette petite voix intérieure, vous apprenez à vous positionner de manière à enrichir la dynamique collective, sans écraser les autres ni vous effacer. Votre intuition devient alors une alliée pour naviguer dans les relations professionnelles avec finesse, permettant à vos compétences de briller tout en créant une harmonie dans le groupe. Trouver sa place, ce n'est pas imposer sa présence, c'est s'intégrer avec sensibilité, et c'est là tout l'art de collaborer avec justesse.

L'intuition : un outil puissant pour manager une équipe

Manager une équipe ne repose pas uniquement sur des compétences techniques ou des méthodes de gestion ; cela exige une compréhension profonde des individus, de leurs émotions et de la dynamique collective. C'est ici que l'intuition prend toute sa place en tant qu'outil de management puissant, souvent discret, mais déterminant.

L'intuition permet au manager de sentir l'humeur de son équipe, de percevoir les premiers signes de stress ou de tension avant même qu'ils deviennent des problèmes visibles. Par exemple, un changement subtil dans l'attitude d'un collaborateur, une baisse d'engagement ou un silence inhabituel lors des réunions peuvent signaler une source de malaise ou un besoin d'écoute. Plutôt que d'attendre que le problème se manifeste pleinement, un manager intuitif peut s'enquérir de la situation, ouvrant ainsi un espace de dialogue et évitant de nombreux conflits ou baisses de motivation.

L'intuition est aussi précieuse pour détecter les talents et les aspirations cachés, car tout le monde n'est pas champion pour les mettre en avant. Certains collaborateurs préfèrent rester dans l'ombre, mais ça ne veut pas dire qu'ils n'ont rien d'exceptionnel à offrir. Un manager intuitif saura lire entre les lignes : un détail dans une conversation, une petite étincelle dans un regard quand un sujet particulier est abordé... Autant de signaux subtils qui révèlent des aptitudes uniques. Et c'est là que vous brillez en tant que manager : « Dis donc, cette présentation sur la stratégie numérique, ça te dirait d'en prendre les rênes ? » La personne n'osait pas se proposer, et voilà qu'elle explose son potentiel. Une intuition bien placée, et tout le monde y gagne.

Elle devient également essentielle lorsqu'il s'agit de prendre des décisions dans l'incertitude. Dans un monde en perpétuelle évolution, il est parfois difficile d'avoir toutes les informations pour faire un choix éclairé. L'intuition ne remplace pas une analyse rationnelle mais permet alors de combler ces zones d'ombre, en guidant le manager vers la solution qui semble le plus en accord avec les valeurs de l'équipe et les objectifs de l'entreprise. Elle est ce petit feeling qui vous dit que telle option résonne mieux avec vos valeurs et celles de votre équipe. Et quand vous suivez cette boussole intérieure, vous inspirez la confiance autour de vous. Votre équipe se dit : *OK, elle sait où on va. On peut y aller.*

Enfin, l'intuition est un outil de cohésion. Elle aide le manager à comprendre les sensibilités de chacun, à savoir quand encourager, quand recadrer avec bienveillance, ou encore quand accorder une pause pour préserver l'équilibre. Elle permet de cultiver un climat de confiance et de respect, où les membres de l'équipe se sentent écoutés et reconnus.

En somme, l'intuition est une compétence précieuse pour tout manager, lui permettant de créer un espace de travail harmonieux, de prendre des décisions éclairées et de valoriser chaque individu dans son unicité. C'est cette capacité à écouter ce qui ne se dit pas qui transforme la gestion d'équipe en un leadership inspirant et humain.

L'intuition : un outil puissant pour engager un collaborateur

Engager un collaborateur, ce n'est pas simplement une question de compétences ou d'expérience ; c'est aussi une question de feeling et de résonance avec la culture de l'entreprise. C'est là que l'intuition devient un outil précieux pour repérer, au-delà du CV, les qualités qui feront d'un candidat un atout pour l'équipe.

Lorsque vous recevez un candidat, l'intuition vous aide à capter des signaux : une attitude, une manière d'exprimer ses idées, une authenticité qui transparaît dans les mots. Parfois, ces éléments échappent à l'analyse purement rationnelle, mais laissent une impression profonde. Cette capacité intuitive vous permet de percevoir si la personne partage les valeurs et la vision de l'entreprise, un facteur essentiel pour une collaboration harmonieuse et durable.

L'intuition vous permet également de détecter le potentiel de croissance d'un candidat. Bien souvent, les entretiens révèlent des éléments invisibles sur papier : une curiosité naturelle, une passion qui s'exprime entre les lignes, une capacité d'adaptation qui dépasse les compétences techniques. En vous connectant à votre ressenti, vous pouvez voir au-delà des qualifications et anticiper si cette personne pourra évoluer au sein de l'entreprise, s'adapter à de nouveaux défis et contribuer de manière créative.

Parfois, lors d'un entretien, il peut y avoir des zones de flou, des éléments qui ne semblent pas complètement alignés. L'intuition vous guide alors pour poser les bonnes questions, celles qui ne sont pas dans le script mais qui révèlent la vraie personnalité du candidat. En prenant le temps d'écouter votre ressenti, vous obtenez des réponses plus sincères et pouvez déceler d'éventuelles incompatibilités ou, au contraire, des affinités inattendues.

Enfin, l'intuition aide à cerner la dynamique relationnelle. Engager un collaborateur, c'est aussi anticiper comment il ou elle interagira avec l'équipe en place. Ce ressenti permet de visualiser si la personne apportera une énergie positive, stimulera la créativité ou saura s'intégrer dans une équipe parfois complexe. Ce n'est pas seulement un choix technique, mais un choix humain et intuitif qui influence l'ambiance de travail.

Parfois, il y a cette sensation claire : *Moi, je le sens bien, ce candidat !* Mais l'intuition doit aller un peu plus loin, surtout si vous n'êtes pas celui qui travaillera au quotidien avec lui. C'est là que ça se complique et que l'intuition doit s'étendre pour imaginer ce futur collaborateur dans son environnement réel, entouré de ses futurs collègues. Parce que oui, même si votre feeling est bon, il est essentiel de se demander comment il va s'intégrer dans son équipe. Avec Marie de la compta, par exemple, qui a besoin d'ordre et de stabilité, ou Paul du marketing, qui adore les idées nouvelles et un brin de spontanéité ?

L'intuition devient alors un peu comme une boussole sociale : au-delà de *Moi, je le sens bien*, c'est *Je le vois bien avec eux*. Il s'agit d'imaginer comment le nouveau venu va se positionner, de se projeter dans l'ambiance de cette équipe-là et de voir s'il peut se fondre ou, mieux encore, s'il peut y apporter quelque chose de positif sans créer de remous. Peut-être que ce candidat à l'aise et plein d'enthousiasme vous inspire confiance, mais qu'il pourrait aussi bien effrayer un chouia Marie, qui préfère une approche plus discrète.

C'est un peu comme être le chef d'orchestre qui cherche à sentir si le nouvel instrument va enrichir la mélodie ou créer une dissonance. Car, même si le candidat vous plaît personnellement, il est bon de se poser la question *Comment je ressens sa place dans cette équipe, avec ces personnalités différentes ?*

Si vous sentez une harmonie possible, vous êtes sur la bonne voie. Mais si votre intuition vous souffle qu'il pourrait y avoir un petit frottement, prenez le temps de l'écouter. Voilà la magie de l'intuition en recrutement : elle permet de voir au-delà de l'individu pour ressentir l'ensemble, l'équipe, et le rôle que chacun est prêt à jouer dans cette partition collective.

Exercice

Utiliser l'intuition pour comprendre son positionnement face à une situation relationnelle en milieu professionnel

Cet exercice vous aide à explorer, grâce à votre intuition, votre ressenti à l'égard d'une situation relationnelle qui vous pose question dans le contexte professionnel. Cela peut être une situation délicate ou une interaction avec un collègue ou un supérieur, qui génère des réactions internes particulières. L'exercice vous permet d'observer comment vous vous positionnez face à cette situation et de vous familiariser avec vos ressentis pour trouver une approche plus sereine.

Étape 1. Identifiez la situation relationnelle à explorer.

Pensez à une situation relationnelle professionnelle qui vous préoccupe. Cela pourrait être une conversation à venir, une relation tendue avec un collègue, une interaction avec un supérieur, ou même une situation de groupe où vous ne vous sentez pas à l'aise.

Sur une feuille de papier, décrivez cette situation en quelques mots ou en une phrase concise (par exemple : « discussion avec mon manager », « relation avec mon collègue X », « réunion d'équipe tendue »).

Placez cette feuille au sol devant vous et prenez un instant pour observer ce que vous ressentez en regardant cette situation écrite.

Étape 2. Observez votre position intuitive face à la situation.

Tenez-vous debout, face à la feuille, et laissez votre corps réagir de façon naturelle. Prenez note de la distance instinctive que vous gardez avec cette situation.

- **Proche :** si vous ressentez le besoin de vous rapprocher, cela peut indiquer que vous vous sentez prêt à aborder cette situation ou que vous êtes à l'aise avec.
- **Éloigné :** si vous sentez une distance ou une forme de retenue, cela peut montrer une forme d'appréhension, de tension ou un besoin de recul.

Observez vos sensations physiques (tensions, chaleur, calme, etc.) et prenez note des premières impressions. Ces sensations peuvent donner des indications sur votre ressenti face à cette situation.

Étape 3. Explorez vos ressentis pour comprendre la situation.

Si vous ressentez de l'inconfort ou de la distance, approchez-vous lentement de la feuille, en vous arrêtant à chaque pas pour respirer profondément. À chaque inspiration, relâchez toute tension et observez si cela modifie votre ressenti.

Essayez de reformuler la situation dans des termes plus neutres ou positifs. Par exemple, si vous avez noté « relation tendue avec mon collègue », reformulez en « opportunité de compréhension mutuelle avec mon collègue ».

Notez les émotions ou pensées qui émergent : *est-ce que cette reformulation change mon ressenti ? Est-ce que cela m'apporte une perspective plus apaisée ?*

Étape 4. Réinventez votre approche intuitive de la situation.

Prenez une nouvelle feuille de papier et écrivez une phrase ou un mot qui représente une approche plus positive ou constructive de cette situation. Par exemple :

- ▷ Pour « discussion avec mon manager », écrire : « échange constructif ».
- ▷ Pour « réunion d'équipe tendue », écrire : « collaboration sereine ».

Placez cette nouvelle feuille à côté de la première et observez si vous ressentez une différence en voyant les deux mots côte à côte. Laissez votre intuition vous guider pour trouver une position où vous vous sentez plus en confiance et plus aligné.

Étape 5. Visualisez la situation avec une nouvelle perception.

Fermez les yeux et visualisez-vous dans cette situation relationnelle, mais cette fois avec cette nouvelle approche positive.

Imaginez-vous naviguant dans cette situation avec calme et assurance, en écoutant votre intuition et en restant ouvert aux autres.

Notez les nouvelles impressions et identifiez une action simple à expérimenter pour aborder cette situation, comme : poser une question ouverte, pratiquer l'écoute active ou exprimer vos idées de manière plus posée.

L'intuition dans les relations familiales

Quand les ancêtres s'invitent dans nos vies : exemples concrets de transmissions invisibles

Les tensions familiales ne naissent pas toujours de conflits actuels. Souvent, elles trouvent leurs racines dans des événements vécus par des générations précédentes. Ces mémoires, même inconscientes, peuvent modeler nos comportements, nos relations et nos émotions sans que nous en ayons conscience. Voici quelques exemples de ces transmissions invisibles et de la façon dont elles se manifestent dans nos vies.

Les prénoms : une identité qui pèse lourd

Un prénom donné en hommage à un ancêtre peut sembler anodin, mais il peut aussi porter des attentes implicites. Par exemple :

- Un enfant prénommé Paul en mémoire d'un grand-père entrepreneur prospère peut inconsciemment se sentir poussé à réussir à tout prix, même si ce n'est pas son propre désir.
- À l'inverse, un prénom associé à une histoire tragique, comme celui d'un ancêtre décédé jeune ou ayant vécu une grande souffrance, peut être une source de malaise inexplicable. L'enfant pourrait ressentir une tristesse diffuse ou une peur injustifiée face à certains aspects de la vie.

Votre intuition peut vous aider à reconnaître si le prénom que vous portez est associé à des attentes ou à des blessures transmises, afin de vous en détacher doucement.

Les secrets de famille : le poids du non-dit

Certains événements familiaux, souvent gardés secrets, continuent de se manifester à travers les générations. Par exemple :

- Une grand-mère ayant perdu un amour interdit dont personne n'a jamais parlé peut laisser une empreinte émotionnelle dans la famille, avec des descendants qui ressentent inexplicablement des peurs ou des schémas de séparation amoureuse.
- Un secret lié à une naissance hors mariage ou à une adoption peut créer un flou identitaire qui se répercute sur plusieurs générations.

L'intuition capte ces non-dits et peut se manifester sous forme de malaise, de curiosité ou même de rêves récurrents liés à une époque ou à une situation que vous n'avez jamais vécue. Cela peut être un signal pour investiguer ou pour libérer une charge qui ne vous appartient pas.

Les places dans la famille : l'ordre invisible

Les places dans la fratrie, ou même dans la famille élargie, peuvent être influencées par des événements survenus bien avant notre naissance.

- Un enfant qui prend inconsciemment la place d'un autre, comme un aîné décédé ou non né, peut développer un besoin constant de prouver sa valeur, comme s'il portait une double charge.

- Un cadet peut se sentir obligé de « réparer » des erreurs ou des échecs attribués à un parent ou à un frère ou une sœur.

Si vous ressentez un déséquilibre dans votre rôle familial, votre intuition pourrait vous guider pour comprendre que vous n'occupez pas vraiment votre place naturelle. Cela ouvre la porte à un rééquilibrage et à une libération.

Les traumatismes transgénérationnels : les blessures qui se répètent

Les traumatismes vécus par nos ancêtres, même s'ils ne sont pas explicitement racontés, laissent une empreinte dans la famille. Par exemple :

- Une famine ou une guerre ayant marqué vos grands-parents peut se traduire chez vous par une peur irrationnelle de manquer ou un besoin compulsif de tout planifier pour éviter l'imprévu.
- Une expulsion ou un déracinement dans l'histoire familiale peut se manifester par une difficulté à se sentir « chez soi », même si vous avez tout pour être stable.

Ces schémas peuvent sembler étrangers à votre réalité, mais l'intuition vous aide à en percevoir les effets. Une sensation inexpliquée d'insécurité ou un comportement répétitif peut être le signe que ces mémoires demandent à être reconnues.

Les loyautés invisibles : être fidèle sans s'en rendre compte

Certaines familles transmettent des valeurs ou des croyances implicites qui influencent vos choix, parfois à votre insu.

- Une famille valorisant le travail acharné pourrait vous pousser à l'épuisement, même si vous aspirez à une vie plus douce.
- Une loyauté à un ancêtre ayant sacrifié ses rêves pour la famille pourrait inconsciemment vous pousser à faire de même, au lieu de suivre vos propres aspirations.

Votre intuition peut vous signaler ces loyautés en générant un sentiment de conflit intérieur : vous voulez avancer, mais une part de vous semble retenue. Cela indique qu'il est temps de reconsidérer ces croyances pour vous libérer.

Comment l'intuition peut aider à apaiser ces schémas

Identifier les répercussions dans le corps

Le corps est un véritable messager. Lorsque quelque chose d'inconscient agit en nous, cela se manifeste souvent par des tensions, des douleurs ou des symptômes inexpliqués. Voici quelques exemples.

Les loyautés familiales invisibles

Une loyauté familiale invisible est un attachement inconscient à des schémas, croyances ou attentes transmises par la famille. Par exemple, « être fidèle à la souffrance » d'un parent ou « ne pas réussir plus qu'un ancêtre » peut freiner votre progression personnelle. Ces loyautés agissent comme des freins invisibles qui limitent vos choix ou vos succès, créant une sensation de fatigue ou de stagnation. Elles peuvent provoquer :

- Des douleurs dans les épaules : symbolise le poids que l'on porte pour d'autres membres de la famille, souvent inconsciemment.
- De la fatigue chronique : être « fatigué à leur place », en portant des luttes ou des fardeaux qui ne vous appartiennent pas directement.
- Des raideurs dans les genoux : difficulté à s'adapter ou à plier face à des schémas familiaux rigides.

Les traumatismes transgénérationnels

Les traumatismes transgénérationnels sont des blessures émotionnelles ou des événements non résolus vécus par nos ancêtres et qui se transmettent inconsciemment à travers les générations. Ces mémoires, souvent invisibles, peuvent influencer nos comportements, nos émotions et même notre santé. Ils peuvent provoquer :

- Des blocages dans le plexus solaire : sensations de nœuds ou d'oppression dans l'estomac, signe de peurs ancestrales liées au manque ou à l'insécurité.
- Des tremblements ou sensations d'instabilité : une peur irrationnelle d'abandon ou de danger, héritée d'un traumatisme familial ancien.
- Des douleurs lombaires : difficulté à se sentir soutenu ou à se tenir debout face à des événements lourds de l'histoire familiale.

Les secrets de famille

Un secret de famille est une information cachée, souvent pour protéger ou éviter des conflits. Cela peut concerner des événements douloureux, comme un enfant caché, une adoption, un crime ou un tabou social. Ces non-dits créent une charge émotionnelle inconsciente qui se transmet de génération en génération. Ils peuvent provoquer :

- Des tensions dans la gorge ou maux de gorge chroniques : difficulté à exprimer quelque chose qui reste enfoui.
- Une oppression thoracique : la sensation d'un secret qui « pèse sur la poitrine », comme un fardeau émotionnel non libéré.
- Un blocage au niveau des jambes : difficulté à avancer, à trouver sa voie, comme si des racines invisibles nous retenaient.

Le poids des prénoms

Porter le prénom d'un ancêtre ou d'une personne associée à une histoire lourde (par exemple, un défunt, une victime ou un héros familial) peut être vécu comme un fardeau symbolique. C'est comme si le prénom portait une mission implicite ou un destin à honorer. Ils peuvent provoquer :

- Une sensation d'étouffement : porter un prénom associé à un ancêtre ou à un événement tragique peut donner l'impression d'être pris dans une vie qui n'est pas la sienne.
- Des douleurs au cou ou une tension cervicale : le poids d'une responsabilité ou d'une mission inconsciente transmise avec le prénom.

- Un mal de dos généralisé : une pression invisible, comme si vous deviez « porter » le passé ou honorer des attentes qui ne sont pas les vôtres.

La sensation de ne pas avoir de place

Cette sensation peut survenir lorsqu'un rôle ou une place dans la famille est déjà « occupé » symboliquement par un autre (un ancêtre, un frère décédé, un parent absent). Cela peut aussi arriver si vous êtes inconsciemment pris dans une dynamique où vous essayez de « réparer » une histoire familiale. Cela crée une difficulté à s'ancrer ou à se sentir pleinement légitime dans vos choix et votre vie, avec souvent un sentiment d'être « de trop » ou invisible. Elle peut provoquer :

- Des douleurs dans les pieds : difficulté à s'ancrer, à trouver sa place dans le système familial.
- Une sensation de vide dans le ventre : un lien manquant ou un rôle familial que l'on ne parvient pas à identifier.
- Une faiblesse dans les bras : incapacité à agir ou à embrasser pleinement sa vie en raison de blocages hérités.

Comprendre ce qui se joue : écouter les signaux

Pour apaiser ces dynamiques, il faut d'abord les comprendre. Voici des pistes pour explorer ce qui se cache derrière ces ressentis corporels.

- Observer vos émotions et vos réactions physiques : quand ressentez-vous des tensions ou des malaises ? Est-ce en présence de certains membres de la famille ou lors de discussions sur des sujets précis ?
- Interroger l'histoire familiale : parlez aux membres de votre famille pour mieux comprendre les non-dits. Posez des questions sur les prénoms, les événements marquants (pertes, exils, drames), et essayez de relier ces informations à ce que vous ressentez.

- Utiliser des outils d'introspection : la méditation ou les visualisations guidées peuvent vous aider à plonger dans vos sensations corporelles pour voir si elles sont liées à des mémoires familiales.

Solutions pour apaiser ces dynamiques

Faire appel aux constellations familiales et systémiques

Les constellations familiales sont particulièrement efficaces pour révéler et désamorcer ces schémas. Elles permettent de :

- Visualiser les liens invisibles entre vous et vos ancêtres.
- Identifier les charges que vous portez et qui ne vous appartiennent pas.
- Redonner à chaque membre de la famille sa juste place, y compris vous-même. Par exemple, vous pourriez comprendre que votre fatigue chronique vient d'une loyauté à un ancêtre qui a porté un grand fardeau, et libérer cette mémoire en remettant ce poids symboliquement à sa place.

Travailler avec l'énergie du corps

Méditation corporelle : prenez le temps d'explorer vos sensations. Concentrez-vous sur les zones où vous ressentez des tensions et demandez-vous : *Qu'est-ce que cette partie de mon corps essaie de me dire ?*

Poser des limites symboliques

Si vous ressentez le poids d'une loyauté ou d'un prénom, vous pouvez créer un rituel symbolique pour marquer une séparation saine. Par exemple :

- Écrire une lettre à l'ancêtre concerné, en expliquant que vous honorez son histoire, mais que vous choisissez de suivre votre propre chemin.
- Visualiser un cordon énergétique qui vous relie à cette mémoire, et imaginer le couper doucement pour vous en libérer.

Reprogrammer vos croyances

Les transmissions familiales viennent souvent avec des croyances limitantes (par exemple : *Il faut travailler dur pour mériter sa place* ou *On ne doit pas exprimer ses émotions*) qui se répercutent dans votre quotidien. Travaillez à reprogrammer ces croyances grâce aux phrases d'équilibrage de la méthode Aldrea© (voir p. 17) comme :

- Je demande l'équilibre entre la croyance que je ne mérite pas ma place dans cette famille si je ne fais pas d'effort et la certitude que je mérite ma place sans effort supplémentaire.
- Je demande l'équilibre entre la croyance que je dois me fier aux choix de mes ancêtres et la certitude que je peux être libre de mes choix et fidèle à moi-même.

Renforcer votre sécurité intérieure pour éviter d'absorber les poids familiaux

Se sentir en sécurité intérieurement, c'est développer une base solide en soi, indépendante des regards et des validations extérieures. Tant que cette sécurité manque, vous cherchez naturellement à la combler autour de vous, et le premier réflexe est de retourner vers votre famille. Mais si ce noyau familial est dysfonctionnel, il devient difficile, voire impossible, d'y trouver cette stabilité. Dans ce contexte, renforcer sa sécurité intérieure est une étape clé pour s'autonomiser. Cela vous permet d'exister pleinement hors des attentes familiales, de reconnaître vos propres besoins et de bâtir une vie alignée avec qui vous êtes vraiment.

Carl Gustav Jung, célèbre psychanalyste, évoque le concept d'individuation ou d'autonomisation comme un processus fondamental pour devenir soi-même. Il explique que, pour atteindre cette autonomie psychologique, il est nécessaire de :

- Se détacher des influences extérieures, en particulier celles de la famille, pour se reconnecter à son moi profond.
- Reconnaître les mécanismes familiaux inconscients qui nous poussent à répondre aux attentes, parfois au détriment de nos désirs.

- Créer une sécurité intérieure, qui permet d'affronter le monde sans chercher constamment validation et soutien à l'extérieur.

Selon Jung, l'individuation est un processus de différenciation, où l'on apprend à se séparer du collectif (ici, le clan familial) pour devenir un individu à part entière. Ce n'est pas un rejet de la famille, mais une transformation de la relation avec elle : vous n'êtes plus dépendant de son approbation pour exister.

Poser des limites sans culpabilité

La famille, par sa proximité, peut parfois empiéter sur vos limites. Apprendre à dire non est un acte essentiel pour préserver votre autonomie. Posez des limites claires, non pas pour rejeter votre famille, mais pour protéger votre espace vital. Par exemple :

- Refuser de participer à une conversation toxique ou culpabilisante.
- Dire non à une demande qui ne respecte pas vos besoins.

Exercice

Comment renforcer votre sécurité intérieure ?

1. Écouter votre petite voix intérieure

Votre intuition est votre guide pour sortir des schémas familiaux. Elle vous aide à reconnaître ce qui résonne vraiment avec vous et ce qui ne vous appartient pas. Posez-vous des questions simples :

- ▷ Qu'est-ce que je fais par envie et qu'est-ce que je fais pour plaire ?
- ▷ Quelle serait ma décision si je ne cherchais pas à être aimé ou validé ?

Apprenez à vous faire confiance et à agir selon vos propres désirs, même si cela va à l'encontre des attentes familiales.

2. Identifier et déconstruire les croyances limitantes

Certaines croyances héritées de la famille peuvent vous maintenir dans un rôle ou un comportement qui ne vous conviennent pas. Par exemple :

- ▷ Il faut travailler dur pour être respecté.
- ▷ On doit toujours faire passer la famille avant soi.

Ces croyances, si elles ne sont pas conscientes, dictent vos choix et vos comportements. Prenez le temps de les identifier et remplacez-les par des affirmations alignées avec vos valeurs actuelles :

- ▷ Je peux réussir en respectant mes propres besoins.
- ▷ Je suis libre de m'épanouir tout en respectant mes relations familiales.

3. Se créer un espace hors du clan familial

Pour exister pleinement, il est essentiel de construire un espace à vous, en dehors de votre famille. Cela peut inclure :

- ▷ Cultiver des relations extérieures positives, qui vous soutiennent sans attentes implicites.
- ▷ Explorer vos passions et vos projets personnels, sans demander validation ou autorisation à votre famille.
- ▷ Créer des rituels ou des moments de solitude où vous vous reconnectez à vous-même.

4. Renforcer votre sécurité émotionnelle

Votre sécurité émotionnelle commence par une rencontre essentielle : celle entre l'adulte que vous êtes aujourd'hui et l'enfant que vous avez été. Cet enfant intérieur est une partie de vous qui porte encore des souvenirs, des émotions, et parfois des peurs ou des blessures non résolues. En prenant le temps de le rassurer et de l'intégrer dans votre vie d'aujourd'hui, vous renforcez votre sentiment de sécurité intérieure et émotionnelle.

Cet exercice de visualisation vous permettra de créer un dialogue bienveillant avec votre enfant intérieur, de lui apporter ce dont il a manqué et de construire une relation solide entre vous.

- ▷ Fermez les yeux et imaginez une scène dans laquelle vous êtes face à l'enfant que vous étiez. Cet enfant peut avoir n'importe quel âge, celui qui vient spontanément à votre esprit. Observez-le avec douceur : que fait-il ? Que ressent-il ? Est-il joyeux, inquiet, curieux ? Prenez un instant pour vous connecter à son énergie.
- ▷ Présentez-vous à votre enfant intérieur.

Imaginez-vous, en tant qu'adulte, allant à la rencontre de cet enfant. Approchez-le doucement, et dites-lui :

- ▷ Je suis toi, mais adulte.
- ▷ Je sais exactement ce que tu ressens et ce dont tu as besoin.

- ▷ Tu n'as plus rien à craindre, car je suis là pour toi maintenant. Je vais te protéger, te comprendre, et prendre soin de toi.

Regardez comment l'enfant réagit. Laissez-lui le temps d'accueillir vos paroles.

5. Rassurez-le et invitez-le à vous rejoindre

Dites-lui qu'il peut compter sur vous, que vous savez combien certaines choses ont pu être difficiles, mais que désormais vous êtes là pour le guider et le protéger. Proposez-lui de venir avec vous dans votre vie d'aujourd'hui, en tant que partenaire précieux. Vous pouvez dire :

- ▷ Viens avec moi, je vais te montrer que nous pouvons être en sécurité ensemble.
- ▷ Je vais t'écouter, respecter tes besoins et veiller à ce que tu te sentes aimé et protégé.

6. Imaginez un geste ou un rituel de connexion

Pour ancrer cette connexion, imaginez un geste symbolique :

- ▷ Prenez l'enfant par la main et emmenez-le avec vous dans votre quotidien.
- ▷ Serrez-le dans vos bras pour lui transmettre votre amour et votre protection.
- ▷ Visualisez une lumière qui vous entoure tous les deux, comme une bulle de sécurité.

7. Revenez à l'instant présent

Lorsque vous sentez que cet échange est complet, remerciez votre enfant intérieur pour cette rencontre. Dites-lui qu'il peut toujours venir vous parler et que vous êtes là pour lui à tout moment. Prenez une grande inspiration, ouvrez doucement les yeux, et reconnectez-vous à votre environnement.

Les relations d'âmes

Reconnaître la connexion, entre évidence et complexité

Parfois, une rencontre arrive et chamboule tout. Ce n'est pas forcément un coup de foudre romantique, mais plutôt cette sensation étrange et fascinante de *Je te connais déjà.* Pas besoin de longs discours, tout est évident, naturel. Avec cette personne, pas de masque à porter ni de mots à chercher, tout coule de source. C'est ce qu'on appelle une « relation d'âmes ».

Mais attention, ne sortez pas les paillettes trop vite, car, derrière cette belle fluidité se cachent souvent des dynamiques plus corsées. Oui, les relations d'âmes peuvent être magiques, mais elles ne sont pas toujours un long fleuve tranquille. Pourquoi ? Parce que leur objectif n'est pas de vous apporter un confort douillet, mais de vous faire grandir. Et qui dit croissance dit souvent défis, inconfort, et quelques prises de tête en prime. Dans une relation d'âmes, vous êtes là pour vous apporter quelque chose de précieux, un apprentissage. Ce n'est pas juste une rencontre sympa orchestrée par l'univers ; c'est une mission. Parfois, cette personne est un allié de choix qui vous soutient pour avancer. Parfois, c'est un miroir brut de décoffrage. Oui, ce que vous ne supportez pas chez l'autre pourrait bien être un reflet d'une partie de vous-même que vous avez besoin d'explorer ou de guérir. Et c'est là que ça pique un peu. Ces relations ne sont pas toujours tendres. Elles vous poussent à sortir de votre zone de confort, à affronter vos peurs, et à grandir d'une manière que vous n'auriez jamais envisagée. Un vrai *level up* spirituel, mais parfois vous avez l'impression que ça ressemble plus à une séance de musculation émotionnelle qu'à un conte de fées. Dans ces relations, vos émotions et vos ressentis physiques deviennent vos meilleurs alliés. Pourquoi ? Parce qu'ils vous indiquent si cette connexion est nourrissante ou si elle commence à devenir trop lourde. Parfois, ces relations ont une durée de vie limitée. Quand leur mission est accomplie, il est temps de lâcher prise.

Demandez-vous :

- Cette relation me pousse-t-elle à m'épanouir ou m'épuise-t-elle ?
- Est-ce que je ressens une expansion [liberté, joie, confiance] ou une contraction [stress, fatigue, blocages] ?

Vos ressentis ne mentent pas. Une relation d'âmes est là pour vous faire évoluer, mais si elle devient trop pesante, il est important de poser des limites ou, parfois, de dire stop.

Plusieurs signes peuvent révéler ce type de connexion :

- **Une sensation de déjà-vu :** dès les premiers échanges, vous avez l'impression de connaître cette personne depuis toujours, comme si vous aviez déjà partagé des moments ensemble dans une autre vie ou dimension (rien que ça).
- **Une authenticité déconcertante :** vous vous sentez libre d'être pleinement vous-même, sans masque, sans effort. Cette personne semble comprendre vos pensées et vos émotions avant même que vous les exprimiez.
- **Une fluidité dans les échanges :** tout est naturel. Pas de malentendus gênants ni de silences inconfortables. Au contraire, vos conversations sont fluides.
- **Des vibrations énergétiques fortes** : la présence de cette personne vous apaise ou, au contraire, vous bouscule, mais jamais de manière anodine. C'est intense, mais toujours significatif.
- **Des synchronicités troublantes :** vous découvrez des éléments communs inattendus (mêmes passions, mêmes expériences marquantes).
- **Des similitudes dans les expériences de vie :** vous avez vécu des événements marquants similaires comme la perte d'un être cher, un déménagement, une séparation ou une reconversion professionnelle, qui vous ont transformés et vous rapprochent par une compréhension mutuelle. Vous avez fait des choix ou vous avez des passions en commun.

Cela crée une synergie où vous vous soutenez dans vos aspirations. Vous avez des blessures communes, car vous avez traversé des expériences émotionnelles similaires, ces blessures partagées agissent comme un miroir pour guérir ensemble et avancer mutuellement.

Les manifestations physiques : quand le corps devient la boussole des relations d'âmes sœurs

- **Des frissons ou une chair de poule sans raison apparente :** ce phénomène traduit souvent un alignement énergétique puissant ou une reconnexion à un souvenir d'âme. C'est votre corps qui vous dit : Il se passe quelque chose de spécial ici.
- **Une pression dans le plexus solaire.** Le plexus solaire, situé juste au-dessus de l'estomac, est une zone très réactive en lien avec l'intuition et les émotions. Dans une relation d'âmes sœurs : si vous ressentez une pression agréable ou une chaleur douce, c'est souvent un signe que cette personne est alignée avec votre énergie. Si la pression devient inconfortable ou lourde : cela peut indiquer une tension dans la relation ou un déséquilibre énergétique à explorer. Votre plexus solaire agit comme un détecteur : il capte les vibrations entre vous et l'autre, vous aidant à identifier les moments d'harmonie ou de friction.
- **Une fatigue soudaine ou une sensation de recharge.** Les relations d'âmes sœurs, en raison de leur intensité énergétique, peuvent avoir deux effets opposés sur votre corps.
- **Une sensation de recharge immédiate :** après une interaction positive, vous vous sentez énergisé, inspiré, comme si cette personne vous avait transmis une nouvelle vitalité.
- **Une fatigue soudaine :** si la relation est déséquilibrée ou que l'échange a été trop chargé émotionnellement, vous pourriez ressentir une baisse d'énergie marquée. Ce n'est pas négatif en soi, mais cela peut être un signal que vous avez absorbé trop de l'énergie de l'autre ou que vous devez poser des limites.
- **Des sensations inhabituelles dans la gorge.** La gorge est liée à l'expression et à la communication. Dans une relation d'âmes sœurs, elle peut réagir de manière physique.
  - Si vous ressentez une ouverture ou un apaisement dans cette zone : c'est un signe que cette personne vous permet d'exprimer votre vérité sans crainte.
  - Si vous ressentez une gêne, comme un poids ou une boule dans la gorge : cela peut indiquer une difficulté à dire ce que vous ressentez vraiment, ou une peur de ne pas être compris. Votre

corps vous invite alors à travailler sur votre communication au sein de la relation.

⋑ **Une hypersensibilité au toucher ou à la proximité.** Dans une relation d'âmes sœurs, votre corps peut devenir plus réceptif à la présence physique de l'autre.

- Une sensation de réconfort immédiat : un simple geste, comme une main posée sur votre épaule, peut déclencher une vague d'apaisement ou de chaleur.
- Une sensation d'éveil ou d'agitation : la proximité physique peut intensifier votre énergie, comme si votre corps s'ajustait à une fréquence vibratoire différente.

Ces réactions montrent que la connexion va au-delà de l'émotionnel, touchant aussi l'énergétique.

Comment l'intuition complète ces ressentis

Votre intuition agit comme un traducteur de ces signaux corporels. Elle vous aide à :

⋑ Distinguer ce qui est positif ou à travailler : un nœud dans l'estomac peut indiquer une peur à dépasser, alors qu'une chaleur dans la poitrine confirme une harmonie énergétique.

⋑ Poser des questions pertinentes : *Pourquoi ai-je ressenti cette tension après cette conversation ?* ou *Qu'est-ce que cette excitation me révèle sur cette relation ?*

⋑ Ajuster votre comportement : si vous ressentez une fatigue récurrente, votre intuition peut vous encourager à créer de l'espace ou à poser des limites claires.

Naviguer avec ces ressentis dans une relation d'âmes sœurs

Faites confiance à votre corps : il est votre guide le plus fiable pour comprendre ce qui se passe dans une relation. Prenez l'habitude de noter vos sensations après chaque interaction : légèreté, tension, excitation ? Ces indices sont précieux. Interprétez avec discernement : toutes les sensations ne sont pas des drapeaux rouges ou verts. Votre intuition vous aidera à comprendre si une tension est un appel à travailler sur vous-même ou un signal que la relation n'est plus alignée. Prenez soin de votre énergie : si les interactions deviennent trop intenses physiquement ou émotionnellement, prenez un moment pour vous recentrer. Respirez, visualisez votre énergie qui se régénère, et revenez dans la relation avec plus de clarté.

Quand continuer ou lâcher prise ?

L'un des aspects les plus complexes des relations d'âmes, c'est de savoir quand elles doivent durer et quand il est temps de s'en détacher. Toutes les relations d'âmes ne sont pas destinées à être éternelles.

- **Quand continuer :** si la relation, malgré ses défis, vous nourrit et vous fait avancer. Vous sentez qu'elle apporte un équilibre, même s'il y a des ajustements à faire. Si vous avez envie de construire ensemble, alors accrochez-vous.
- **Quand lâcher prise** : si la relation devient toxique ou si elle vous épuise plus qu'elle ne vous enrichit. Parfois, l'apprentissage est terminé et il est temps de partir. Il n'y a pas de drame à cela : certaines relations d'âmes sont là pour une saison, pas pour une vie entière.

Écouter votre intuition est clé ici. Elle vous dira si le moment est venu de continuer ou de fermer ce chapitre.

Exercice

Suis-je dans une relation d'âmes sœurs ?

Cet exercice est conçu pour vous aider à identifier si vous êtes dans une relation d'âmes sœurs. Il vous invite à explorer vos ressentis et à écouter votre intuition pour y voir plus clair. Prenez un papier et un stylo ou simplement un moment calme pour répondre aux questions suivantes. Soyez honnête avec vous-même, il n'y a pas de bonne ou de mauvaise réponse.

Étape 1. Vos ressentis intuitifs.

▷ Lorsque vous êtes avec cette personne, ressentez-vous un profond sentiment de familiarité, comme si vous la connaissiez depuis toujours ?

▷ Cette personne provoque-t-elle en vous des émotions intenses, qu'elles soient positives ou challengeantes (joie, apaisement, mais aussi parfois frustration ou peur) ?

▷ Avez-vous remarqué des synchronicités troublantes dans votre rencontre ou votre relation (événements, expériences de vie similaires, « hasards » répétitifs) ?

▷ Ressentez-vous que cette relation a un but particulier, comme si elle vous poussait à évoluer ou à grandir personnellement ?

▷ Pouvez-vous être authentique avec cette personne, sans avoir besoin de jouer un rôle ou de cacher des parties de vous-même ?

→ Notez combien de « oui » vous obtenez.

Étape 2. Les manifestations physiques.

▷ Ressentez-vous un bien-être physique en présence de cette personne, comme une légèreté ou une chaleur dans la poitrine ?

▷ Avez-vous remarqué des réactions corporelles inhabituelles, comme des frissons, une excitation intense ou une fatigue après vos échanges ?

▷ Après une interaction, vous sentez-vous généralement porté et inspiré, même si la relation vous challenge parfois ?

▷ Votre corps réagit-il de manière forte lorsque vous êtes en désaccord, par exemple par une tension au plexus solaire ou un nœud dans l'estomac ?

→ Notez combien de « oui » vous obtenez ici aussi.

Étape 3. Évaluez l'impact de la relation.

▷ Sentez-vous que cette personne vous aide à découvrir des parties de vous-même que vous n'aviez pas explorées avant ?

▷ Remarquez-vous que cette relation vous met face à vos peurs ou blessures, mais toujours dans une optique de croissance personnelle ?

▷ Avez-vous l'impression que cette personne vous complète énergétiquement, qu'elle équilibre vos forces et vos faiblesses ?

▷ Ressentez-vous, malgré les défis, une envie sincère de continuer à construire avec cette personne ?

→ Additionnez vos « oui ».

Analyse des résultats

Entre 10 et 14 « oui » : il y a de très fortes chances que vous soyez dans une relation d'âmes sœurs. La connexion est profonde, transformatrice, et vous êtes là pour évoluer ensemble. Continuez d'écouter vos ressentis pour naviguer avec clarté.

Entre 7 et 9 « oui » : cette relation a probablement des éléments d'âmes sœurs, mais elle peut aussi comporter des aspects d'apprentissage temporaire. Prenez du recul pour évaluer ce qu'elle vous apporte et ce que vous devez travailler ensemble.

Moins de 6 « oui » : il est possible que cette relation ne soit pas une relation d'âmes sœurs, mais elle peut tout de même être importante. Écoutez votre intuition pour comprendre pourquoi elle est là dans votre vie.

Exercice

Faire un bilan de ses relations

Cet exercice vous permet d'évaluer l'impact de vos relations sur vous. Il vous aide à mieux comprendre vos ressentis et à identifier si une relation requiert un travail intérieur ou simplement une mise à distance. En écoutant vos réactions intuitives, vous clarifierez ce que chaque personne apporte (ou retire) à votre bien-être.

Étape 1. Choisissez une personne.

Pensez à quelqu'un de votre entourage avec qui vous avez des interactions régulières. Cela peut être un ami, un collègue, un membre de la famille, ou même quelqu'un que vous voyez peu mais qui suscite une émotion forte.

Étape 2. Observez vos ressentis physiques.

- ▷ Fermez les yeux et imaginez cette personne devant vous. Prenez un instant pour visualiser sa présence : son attitude, sa voix, son énergie.
- ▷ Concentrez-vous sur ce qui se passe dans votre corps. Ressentez-vous une chaleur, une légèreté, ou au contraire une tension, un poids dans la poitrine, un nœud à l'estomac ? Notez toutes les sensations physiques qui apparaissent.

Étape 3. Identifiez vos émotions.

Posez-vous la question : *Qu'est-ce que cette personne déclenche en moi ?*

- ▷ Est-ce de la joie, de la sérénité ou de l'enthousiasme ?

- ▷ Ou bien de la colère, de la peur, de l'agacement, voire une forme de malaise ?

Essayez de nommer précisément l'émotion dominante que cette personne provoque en vous.

Étape 4. Comprenez la source du ressenti.

- ▷ Si votre ressenti est négatif (colère, peur, malaise), demandez-vous : *Est-ce que cette personne me rappelle une situation ou quelqu'un de mon passé ?*
- ▷ Cette émotion est-elle liée à une blessure intérieure que je n'ai pas encore guérie ?
- ▷ Si aucune connexion passée n'émerge et que vous ne ressentez pas un impact émotionnel fort, posez-vous plutôt la question : *Est-ce que cette personne dépasse mes limites ou envahit mon espace sans que je l'accepte ?*

Étape 5. Travaillez sur vous et votre positionnement.

1. Si vous identifiez une blessure personnelle à travailler (par exemple, la peur ou la colère liée à un souvenir enfoui), prenez cela comme une invitation à explorer cette émotion et à travailler sur vous-même. Vous pourriez écrire à ce sujet, en parler à un proche ou envisager un accompagnement.

2. Si vous réalisez qu'il s'agit simplement de poser une limite saine, réfléchissez à la façon dont vous pouvez le faire de manière claire et respectueuse. Rappelez-vous que dire non ou prendre de la distance n'est pas égoïste, c'est préserver votre bien-être.

Exercice

Écoutez au-delà des mots

Cet exercice est conçu pour vous aider à développer votre intuition relationnelle en captant les émotions non dites d'une personne, au-delà de ses mots. En pratiquant cette écoute attentive, vous apprendrez à mieux décoder les énergies et les ressentis subtils qui se dégagent des échanges.

Étape 1. Choisissez un moment d'échange.

La prochaine fois que vous discutez avec un ami, un collègue ou un proche, soyez attentif à ce moment de partage, que ce soit un problème, une anecdote ou simplement une réflexion. Ce peut être en face-à-face ou par téléphone.

Étape 2. Connectez-vous à votre ressenti.

Pendant que l'autre parle :

- ▷ Écoutez les mots, mais concentrez-vous aussi sur l'énergie derrière. Quels sont les indices subtils dans le ton de sa voix, sa posture, ses gestes ou son regard ?
- ▷ Observez vos propres réactions physiques et émotionnelles. Ressentez-vous une tension, une chaleur, une légèreté, ou même un inconfort ? Avez-vous l'impression qu'il retient quelque chose ou que les mots ne reflètent pas tout ce qui est ressenti ?

Étape 3. Notez vos observations.

Une fois l'échange terminé, prenez quelques instants pour noter :

- ▷ Ce que vous avez ressenti :

- « J'ai perçu une pointe de tristesse malgré son sourire. »
- « J'ai ressenti une nervosité dans sa voix, comme s'il/elle minimisait quelque chose d'important. »

▷ Les mots exprimés verbalement : « Il disait que tout allait bien, mais cela ne semblait pas aligné avec son énergie. »

▷ Vos éventuelles réactions physiques – « J'ai eu un nœud à l'estomac, comme si quelque chose n'était pas dit. »

Les relations alignées, un nid sécurisant pour l'épanouissement personnel

Imaginez une relation où vous pouvez être pleinement vous-même : pas besoin de jouer un rôle, de mesurer vos mots ou de marcher sur des œufs. Dans une relation alignée, vous êtes compris, respecté et totalement accepté. C'est ce genre de connexion qui vous enveloppe comme un plaid tout doux par une journée froide : un espace sécurisant, propice à l'épanouissement personnel et émotionnel.

Ces relations, rares et précieuses, ne se contentent pas de vous faire du bien : elles vous aident à grandir. Elles créent un environnement fertile où votre véritable essence peut éclore. Et si vous pensiez qu'une relation alignée, c'était juste siroter des cocktails en toute zénitude... détrompez-vous ! Oui, c'est fluide et agréable, mais c'est aussi une opportunité incroyable d'évolution personnelle. Alors, plutôt que de simplement savourer ce doux cocon, pourquoi ne pas en tirer le meilleur parti et y intégrer un allié précieux : votre intuition ?

Comment tirer le meilleur parti des relations alignées grâce à l'intuition

Soyez ouvert à l'évolution

Ces relations sont des espaces sûrs où vous pouvez tester de nouvelles idées, explorer vos limites et oser rêver grand. C'est le moment d'exprimer vos aspirations, d'être pleinement vous, et de vous nourrir de cette sécurité affective pour accélérer votre développement personnel. Par exemple, si vous rêvez de lancer un projet ou d'explorer un nouveau pan de votre personnalité, ces relations offrent un cadre rassurant pour le faire. Votre intuition intervient ici comme un amplificateur : elle vous aide à saisir les moments où vous pouvez vous ouvrir davantage ou expérimenter de nouvelles facettes de vous-même.

Apprenez de l'autre

Une relation alignée, c'est un échange. Observez l'autre : quelles qualités admirez-vous chez cette personne ? Qu'est-ce qui vous inspire ? Ce n'est pas le moment de rester passivement installé dans cette belle dynamique : absorbez ce que l'autre peut vous enseigner et appliquez-le dans votre propre vie. Par exemple, si vous admirez la manière dont l'autre gère le stress, interrogez-vous sur ce que vous pouvez appliquer chez vous. Votre intuition vous aide à percevoir ces leçons et à comprendre comment elles peuvent enrichir votre quotidien.

Ne vous reposez pas sur vos lauriers

Certes, c'est agréable de se sentir compris et soutenu, mais une relation alignée n'est pas un refuge pour stagner. Elle vous pousse à évoluer, à vous dépasser, et à sortir de votre zone de confort tout en douceur. Profitez de cet équilibre pour grandir, tout en restant attentif à ce que la relation peut vous apporter de nouveau.

Votre intuition vous aide à rester alerte : elle vous souffle quand il est temps de passer à l'action, d'explorer une nouvelle dynamique ou de poser des questions pour aller plus loin.

Conclusion

Parfois, partager vos ressentis avec d'autres peut venir confirmer ce que vous percevez. Vous réalisez alors que votre intuition était juste, et cela renforce votre confiance en elle. Mais attention : chaque personne capte différemment, selon son vécu, ses émotions ou ses filtres personnels.

Voici les pièges à éviter.

- **Devenir dépendant des ressentis des autres.** Si l'autre ne ressent pas la même chose que vous, cela ne signifie pas que vous avez tort. S'appuyer exclusivement sur l'extérieur pour valider vos décisions ou vos ressentis vous rend dépendant des opinions ou des perceptions de votre entourage. Cela peut conduire à des choix qui ne vous correspondent pas vraiment.
- **Remettre en question votre intuition à cause d'un désaccord.** L'intuition est personnelle et unique, et ce que l'autre capte est souvent lié à son propre monde intérieur. À force d'ignorer vos propres intuitions, vous perdez confiance en votre capacité à percevoir ce qui est juste pour vous. Ce qui, paradoxalement, renforce le doute et l'envie de chercher l'approbation des autres.
- **Ne se fier qu'aux autres.** S'appuyer sur l'avis ou les ressentis des autres peut être rassurant, mais en faire votre seule boussole est un piège. Pourquoi ? Parce que cela freine votre autonomie et bloque le développement de votre propre intuition.

Votre intuition est comme un muscle : si vous ne l'utilisez pas, elle s'atrophie. En déléguant votre ressenti aux autres, vous la privez de l'opportunité de s'exprimer et de se développer.

Lorsque vous donnez plus de crédit aux ressentis ou aux conseils des autres qu'aux vôtres, vous envoyez inconsciemment un message à vous-même : *Mon intuition n'est pas fiable, je ne peux pas me faire confiance.* Or, l'intuition, comme toute compétence, se renforce par la pratique et l'expérimentation. Si vous n'écoutez jamais votre petite voix intérieure, elle s'efface peu à peu, remplacée par un doute constant. Pour éviter cela :

- **Apprenez à tester vos propres ressentis.** Même si vous doutez, osez suivre votre intuition dans des situations simples. Par exemple : *Cette relation me semble déséquilibrée, comment puis-je réagir ?* Testez votre ressenti et observez les résultats.
- **Faites-vous confiance, même si vous vous trompez.** Une erreur n'est pas un échec, c'est une occasion d'apprendre à affiner votre intuition.
- **Utilisez les autres comme des miroirs, pas comme des guides absolus**. Les avis extérieurs peuvent enrichir votre réflexion, mais votre ressenti doit toujours être le point de départ.

ASTUCE

Utilisez les échanges comme un miroir, pas comme une validation absolue. Ce que vous ressentez est vrai pour vous, même si l'autre ne le perçoit pas de la même manière.

Les relations sont un gigantesque terrain de découverte. À travers elles, on explore nos émotions, nos réactions, nos blessures, mais aussi nos forces. Chaque interaction est une sorte de miroir qui nous montre un petit bout de nous-mêmes. Et si, en plus, vous écoutez cette petite voix intérieure, celle qui murmure des vérités souvent enfouies sous le bruit du quotidien, alors vous ajoutez une dimension magique à cette exploration.

Être attentif à son intuition dans les relations, c'est remarquer ce qui résonne vraiment pour vous, comprendre pourquoi certaines situations vous touchent ou vous bouleversent, et apprendre à agir avec authenticité plutôt qu'en réaction. C'est un cadeau que vous vous faites, mais aussi un cadeau que vous offrez aux autres : celui de relations plus profondes, plus vraies, et souvent plus légères.

Alors, pourquoi ne pas cultiver ce trésor ? Écouter cette petite voix intérieure, c'est se donner la chance de se connaître mieux, de mieux comprendre les autres et de naviguer avec plus de fluidité dans ce grand bazar qu'on appelle la « vie ». Et au fond, n'est-ce pas le plus beau cadeau qu'on puisse s'offrir... et offrir au monde ?

Remerciements

L'écriture de ce livre n'aurait pas été possible sans ces rencontres qui ont jalonné le chemin de ma vie. Chaque page a germé dans ces moments de connexion qui nous marquent.

Ma première gratitude va à Nadia, qui m'a parlé de Stéphanie. Dès nos premiers échanges, Stéphanie a saisi l'essence de ce projet avec cette justesse que seule l'intuition permet. Elle m'a ensuite menée vers Anne, qui m'a permis d'être éditée aujourd'hui. Cette belle chaîne de rencontres illustre parfaitement ce dont parle ce livre : quand on fait confiance à son intuition, les bonnes personnes apparaissent sur notre route.

Je remercie aussi les membres de ma famille. Vivre avec quelqu'un qui suit son intuition n'est pas forcément de tout repos... Merci, ma team de m'avoir encouragée, soutenue, épaulée, car j'avance portée par votre amour !

Une pensée particulière pour mes amis, ces êtres rares dans ma vie qui ont flairé l'importance de ce projet bien avant que je n'en saisisse moi-même toute la portée. Ils m'ont soutenue et encouragée sans relâche.

Mes remerciements s'étendent à tous ceux qui ont croisé ma route et ont, sans le savoir, contribué à enrichir ces pages. Chaque rencontre, chaque conversation, chaque regard ont alimenté ma compréhension de cette intelligence du cœur que nous portons tous en nous.

Enfin, je vous remercie, chers lecteurs, car c'est peut-être votre intuition qui vous a menés jusqu'à ce livre. Cette rencontre entre mes mots et votre sensibilité n'est pas le fruit du hasard. Elle témoigne de cette mystérieuse alchimie qui nous connecte les uns aux autres, bien au-delà de la logique et de la raison.

Puisse ce livre vous accompagner dans vos propres rencontres et vous rappeler que votre intuition est votre plus précieux guide dans le grand théâtre des relations humaines.

Avec toute ma gratitude et ma confiance en cette sagesse qui nous unit.